为客户服务是华为存在的唯一理由

夏忠毅 ◎ 编著

图书在版编目（CIP）数据

为客户服务是华为存在的唯一理由 / 夏忠毅编著
. -- 北京：中信出版社，2022.4
ISBN 978-7-5217-4030-1

Ⅰ.①为… Ⅱ.①夏… Ⅲ.①通信企业－企业管理－商业服务－经验－深圳 Ⅳ.① F632.765.3

中国版本图书馆 CIP 数据核字 (2022) 第 035725 号

为客户服务是华为存在的唯一理由
编著： 夏忠毅
出版发行：中信出版集团股份有限公司
（北京市朝阳区惠新东街甲 4 号富盛大厦 2 座 邮编 100029）
承印者： 北京通州皇家印刷厂

开本：787mm×1092mm 1/16　　印张：14.5　　字数：152 千字
版次：2022 年 4 月第 1 版　　印次：2022 年 4 月第 1 次印刷
书号：ISBN 978-7-5217-4030-1
定价：88.00 元

版权所有·侵权必究
如有印刷、装订问题，本公司负责调换。
服务热线：400-600-8099
投稿邮箱：author@citicpub.com

目录

序言 徐直军 / XI /
前言 / XIII /

第一篇
以客户为中心 / 001

第1章 为客户服务是华为存在的唯一理由 / 003

1.1 华为公司的最低纲领是要活下去,最终目标是商业成功 / 003
    1.1.1 华为公司的最低纲领是要活下去 / 003
    1.1.2 华为公司的最高纲领是为社会创造价值 / 004
    1.1.3 公司的奋斗目标是商业成功 / 005

1.2 为客户服务是华为存在的唯一理由,客户需求是华为发展的原动力 / 005
    1.2.1 为客户服务是华为存在的唯一理由 / 005
    1.2.2 客户需求是华为发展的原动力 / 006

1.3 以为客户服务定组织建设的宗旨,成就客户,从而成就华为 / 008
    1.3.1 服务意识应该贯穿公司生命的始终 / 008
    1.3.2 成就客户,从而成就华为 / 009

1.4 以客户为中心,以奋斗者为本,长期艰苦奋斗 / 009
    1.4.1 以奋斗者为本,长期艰苦奋斗,也是以客户为中心 / 010
    1.4.2 要警惕企业强大到一定程度后变成以自我为中心 / 011
    1.4.3 反对长官导向 / 011

第 2 章　华为的价值主张　/ 013

2.1　客户永远是企业之魂　/ 013
2.1.1　永远不要忘记客户需求是华为发展之魂　/ 013
2.1.2　客户是永远存在的，企业之魂就永远同在　/ 014

2.2　要谦虚地对待客户　/ 015
2.2.1　永远谦虚地对待客户　/ 015
2.2.2　用诚信换取客户对华为的满意、信任和忠诚　/ 015
2.2.3　出问题不可怕，关键是面对问题的态度　/ 016

2.3　重视普遍客户关系，构筑战略伙伴关系　/ 016
2.3.1　加强与客户的沟通　/ 016
2.3.2　重视普遍客户关系　/ 017
2.3.3　构筑战略伙伴关系　/ 018

2.4　质量好、服务好、快速响应需求，是客户朴素的价值观　/ 019

2.5　为客户提供及时、准确、优质、低成本服务，是华为的客户观　/ 020
2.5.1　华为生存下去的唯一出路是提高质量，降低成本，改善服务　/ 021
2.5.2　质量是华为的生命　/ 021
2.5.3　华为在未来的市场竞争中不靠低价取胜，而是靠优质服务取胜　/ 022
2.5.4　在追求高质量的基础上关注成本　/ 023

2.6　从客户中来，到客户中去，端到端为客户提供服务　/ 024

2.7　以客户为中心的组织建设和资源配置　/ 025
2.7.1　把指挥所建在听得见炮声的地方　/ 025
2.7.2　把资源配置到满足客户需求、为公司创造价值的岗位上　/ 026

第3章 华为的发展理念 / 027

3.1 发展是硬道理 / 028
- 3.1.1 不进则退，唯有发展 / 028
- 3.1.2 抓住机会扩张，敢于胜利才能善于胜利 / 029
- 3.1.3 不为短期利益所动，紧紧围绕企业的核心竞争力发展 / 030
- 3.1.4 从以规模为中心逐步转向有效益的增长 / 030
- 3.1.5 扩张的同时必须能控制得住，企业不可穿上"红舞鞋" / 031

3.2 深淘滩，低作堰 / 033
- 3.2.1 公司要长期生存下去，价格一定要低重心 / 033
- 3.2.2 价格低质量还要好，意味着内部运作成本必须低 / 034
- 3.2.3 公司未来的生存发展靠的是管理进步 / 035
- 小资料：都江堰 / 036

3.3 从上游到下游产业链的整体强健，是华为生存之本 / 037
- 3.3.1 善待供应商 / 037
- 3.3.2 多栽花少栽刺，多些朋友少些"敌人"，与合作伙伴共赢 / 038

3.4 建立有利于公司发展的良好生态 / 039
- 3.4.1 与友商共同发展，共同创造良好的生存空间，共享价值链的利益 / 040
- 3.4.2 以土地换和平，牺牲的是眼前的利益，换来的是长远的发展 / 041
- 3.4.3 做好与政府的沟通 / 042
- 3.4.4 改善与媒体的关系 / 042

3.5 抓住主要矛盾和矛盾的主要方面 / 043
- 3.5.1 当领导一定要抓住主要矛盾和矛盾的主要方面 / 043
- 3.5.2 抓主要矛盾，要适当忽略细节 / 044
- 3.5.3 抓主要矛盾，要关注事物的共性 / 045
- 3.5.4 抓主要矛盾，要抓住主干流程 / 046

3.6 乱中求治，治中求乱 / 046

3.6.1 公司管理结构就是耗散结构 / 047
3.6.2 精细化管理的目的，是为了让扩张不陷入混乱 / 047
3.6.3 打破平衡继续扩张 / 048

小资料：熵 / 050

第 4 章 客户满意是衡量一切工作的准绳 / 051

4.1 客户满意是企业生存的基础 / 051
4.2 以客户价值观为导向，不断提高客户满意度 / 052
4.3 公司的一切行为都以客户的满意程度作为评价依据 / 053

本篇小结 / 054
研讨主题清单 / 057

第二篇
产品发展的路标是客户需求导向 / 059

第 5 章 以客户需求为导向 / 061

5.1 客户需求导向是企业生存发展的正确道路 / 061
5.2 不能以技术为导向，要以客户需求为导向 / 063

5.2.1 产品路标不是自己画的，而是来自于客户 / 064
5.2.2 技术是实现客户需求的手段和工具，不能摆在最高的位置 / 065
5.2.3 产品的发展反对技术导向 / 065
5.2.4 要做工程商人 / 066

5.3 以客户需求和技术双轮驱动构建未来 / 068

5.4 客户需求导向对战略选择的价值 / 070

 5.4.1 行业选择 / 070

 5.4.2 市场、客户选择 / 071

 5.4.3 解决方案、产品与技术选择 / 073

第6章 深刻理解客户需求 / 075

6.1 首先要搞清楚客户是谁和需求是什么 / 075

 6.1.1 聚焦客户关注的痛点、困难、挑战和压力 / 076

 6.1.2 客户需求中大多是最简单的功能 / 077

 6.1.3 客户需求是变化的，要有对市场的灵敏嗅觉 / 078

 6.1.4 要研究适应客户的各种需求，把握住关键要素 / 079

 6.1.5 客户需要的是一个商业解决方案 / 080

 6.1.6 解决方案必须低成本、高增值，还要时间快 / 080

 6.1.7 不能背离客户需求，关起门来搞改进 / 081

6.2 去粗取精，去伪存真，由此及彼，由表及里 / 081

第7章 华为的发展指导方针 / 085

7.1 开放、合作、创新 / 086

 7.1.1 不开放就会死亡 / 086

 7.1.2 一杯咖啡吸收宇宙能量 / 087

 7.1.3 以自己的核心成长为基础开放合作 / 089

 7.1.4 开放合作，实现共赢 / 090

 7.1.5 创新是华为发展的不竭动力 / 091

 7.1.6 不创新是最大的风险 / 091

7.1.7　围绕客户需求持续创新　/ 092

7.1.8　在继承的基础上创新，不要过分狭隘地自主创新　/ 093

7.1.9　要敢于打破自己的优势，形成新的优势　/ 095

7.1.10　创新要容许失败，给创新空间　/ 096

7.1.11　创新应该是有边界的　/ 099

7.2　基于优势选择大市场　/ 099

7.2.1　只有大市场才能孵化大企业　/ 099

7.2.2　利用独特优势进入新领域，为客户做出与众不同的贡献　/ 100

7.3　要更多地强调机会对公司发展的驱动　/ 101

7.3.1　机会是企业扩张的动力　/ 101

7.3.2　抓住机会与创造机会　/ 101

7.3.3　要敢于创造和引导需求　/ 103

7.3.4　在市场模糊的情况下必须多路径探索，当市场明晰时立即将投资重心转到主线上去　/ 104

7.3.5　加大对机会的战略投入　/ 105

7.4　有所不为才能有所为　/ 106

7.4.1　在与企业核心竞争力不相关的利益面前，禁得住诱惑　/ 106

7.4.2　抓住核心，放开周边　/ 107

7.5　坚持在大平台上持久地大规模投入，从搭大船走向造大船　/ 108

7.5.1　未来的竞争是平台的竞争　/ 108

7.5.2　要在平台建设上有更多的前瞻性，以构筑长期的胜利　/ 109

7.5.3　从搭大船走向造大船　/ 109

7.6　坚持压强原则，力出一孔　/ 110

7.6.1　坚持压强原则　/ 110

7.6.2　力出一孔　/ 112

7.7　在优先保证研发和市场投入的基础上均衡发展　/ 114

7.7.1　高科技企业机会是大于成本的　/ 114

7.7.2 不投入就削弱了公司的核心竞争力 / 115
7.7.3 加大投入来巩固和延长华为的先进性和独立性 / 116
7.7.4 保证研发投入比例 / 117
7.7.5 研究投入的钱不允许挪作他用 / 118

7.8 坚定不移的战略方向，灵活机动的战略战术 / 118
7.8.1 用乌龟精神追上龙飞船 / 119
7.8.2 根据环境随时变化阵形 / 121

7.9 领先半步成先进，领先三步成"先烈" / 122
7.9.1 没有世界领先的技术就没有生存的余地 / 122
7.9.2 领先半步 / 122

第 8 章 以一定利润率水平的成长作为企业发展的评价标准 / 125

8.1 追求在一定利润率水平上的持续成长 / 125
8.2 业务发展考核，一是考潜力增长，二是考当期贡献 / 126

本篇小结 / 129
研讨主题清单 / 132

第三篇
企业管理的目标是流程化组织建设 / 135

第 9 章 未来的竞争是管理的竞争 / 137

9.1 企业间的竞争说穿了是管理的竞争 / 137
9.2 企业从必然王国走向自由王国的关键是管理 / 139

9.3　没有管理，人才、技术、资金形不成力量；没有服务，管理没有方向　/ 140

9.4　用规则的确定来对付结果的不确定　/ 141

第10章　建立以客户为中心、以生存为底线的管理体系　/ 143

10.1　所有组织及工作的方向只要朝向客户需求，就永远不会迷航　/ 144

　　10.1.1　管理要为业务发展服务　/ 144

　　10.1.2　建立以流程型和时效型为主导的管理体系　/ 144

10.2　确立流程责任制，才能做到无为而治　/ 145

10.3　建立基本经营单元的计划、预算、核算体系　/ 147

10.4　管理体系建设的导向是简单、实用、均衡　/ 149

　　10.4.1　简单就是美　/ 150

　　10.4.2　机构设置的目的就是为了作战　/ 151

　　10.4.3　只要实用，不要优中选优　/ 153

　　10.4.4　均衡发展就是抓短木板　/ 154

　　10.4.5　授权、制衡与监管　/ 155

10.5　通过无依赖的市场压力传递，使内部机制永远处于激活状态　/ 158

10.6　谈业务、流程、IT、质量、运营的关系　/ 159

第11章　从端到端，以最简单、最有效的方式实现流程贯通　/ 171

11.1　建立流程的目的就是要提高公司效率　/ 171

11.2　坚决把流程端到端打通　/ 172

11.3　要抓住主干流程的正确，主干简洁，末端灵活　/ 173

11.4　流程化就是标准化、程序化、模板化，但不是僵化　/ 175

11.5　对事负责制与对人负责制、规范化与创新　/ 177

　　11.5.1　对事负责制与对人负责制　/ 177

  11.5.2 规范化管理能促进有序的、有价值的创新 / 178

第 12 章 建设满足客户需求的流程化组织 / 179

  12.1 基于流程来分配权力、资源及责任的组织，就是流程化组织 / 179

  12.2 建设前端拉动为主、后端推动为辅的流程化组织 / 181

  12.3 在组织与流程不一致时，改组织以适应流程 / 183

  12.4 以全球化视野进行能力中心建设，满足全球作战需要 / 184

第 13 章 持续优化和改进 / 187

  13.1 世界上只有那些善于自我批判的公司才能存活下来 / 188

  13.2 不断改良，不断优化，无穷逼近合理 / 190

  13.3 先僵化，后优化，再固化 / 192

  13.4 坚持因地制宜、实事求是，防止僵化 / 194

  13.5 管理变革要坚持"七反对"原则 / 195

第 14 章 以核心竞争力的提升作为管理进步的考核验收依据 / 198

  14.1 把危机与压力传递到每一个角落，以促进核心竞争力的提升 / 198

  14.2 管理变革的目的是多产粮食和增加土地肥力 / 199

  14.3 利润一定是华为最终的目标 / 201

本篇小结 / 203

研讨主题清单 / 206

缩略语表 / 209

序　言

《以客户为中心：华为公司业务管理纲要》一书自 2016 年 7 月出版以来，获得了社会各界的关注。此书内容摘自华为内部文件和任总讲话，时间跨度太长，按时间顺序排列的段落逻辑性不强，很多读者反映难以理解，期望能读到更精简、通俗、易懂的书。《为客户服务是华为存在的唯一理由》应此而生。

本书聚焦于华为为什么要把以客户为中心作为核心价值观，以及多年践行以客户为中心而形成的华为经营发展理念、方针、思想方法和管理原则等，不采用内部文件拼凑的表现形式，使之更具有逻辑性、可读性和通俗性，也更加简单实用。希望广大读者特别是企业的经营管理人员读后有所收获和启发。

过去的成功不是未来前进的可靠向导，但为客户服务是华为存在的唯一理由这一真理不会随时间而变。华为将坚持以客户为中心，不断为客户、为构建万物互联的智能世界创造更大价值。

华为投资控股有限公司轮值董事长
2022 年 2 月 11 日

前　言

这是一本诠释华为为什么要把以客户为中心作为核心价值观，以及多年实践形成的经营理念的书，由华为轮值董事长徐直军先生亲自指导、审定、命名并作序。

编写本书始于 2019 年，我完成《从偶然到必然：华为研发投资与管理实践》一书的编著出版工作之后，徐直军先生要我根据华为干部高级管理研讨班（内部简称"高研班"）使用的培训教材《业务管理理念：以客户为中心卷》（华为公司管理理念汇编之一），重新编写一本书《为客户服务是华为存在的唯一理由》，不采用摘录领导讲话的模式，以简单、通俗易懂的方式呈现给华为内外的读者。

1998 年 3 月，华为发布的《华为公司基本法》阐述了华为公司的核心价值观和经营理念，这是对华为创业第一个 10 年的经验总结，是指导华为进行第二次创业，走向国际，实现可持续发展的纲领性文件。2010 年，华为又对过去 20 多年的经验、挫折和教训进行了回顾，识别了未来能支撑华为长期成功的管理关键要素和可能导致华为走向失败的潜在风险，总结出了指导和帮助华为继续活下去，实现长治久安的华为公司管理纲要。《业务管理理念：以客户为中心卷》是在徐直军先生亲自领导、审定下最终完成的，获得了公司的高度认可，从2012年起用于公司高研班，华为2800多名中高级管理者接受了培训。我有幸被选为业务管理理念的责任编辑，负责架构逻辑设计、内容组织和素材收集，并一直负责业务管理高研班的培训以及教材的优化和修订。2016年，我担任中国人民大学教授、华为公司高级顾问黄卫伟先生主编的《以客户为中心》一书的编委和责任编辑，也因此对华为的管理理念有了更深的理解和体会。本书是以华为高研班培训教材的逻辑结构及内容为基础，结合华为近10年的发展实践编写而成的。书中文字尽量保持华为风格，以反映内容的真实性。每篇末给出的小结、研讨题均摘自华为内部真实的培训材料，插图也选自我们设计的培训用笔记本，以便帮助读者更好地理解、掌握和应用这些公司管理理念。

轮值董事长徐直军先生对本书非常重视，在百忙中抽空逐字进行了审定，保证了本书阐述的公司理念的准确性和书稿质量，并把他在2013年写的至今仍有指导意义的著名文章《谈业务、流程、IT、质量、运营的关系》亲自修改后，放在本书中首次正式对外发表。在此对徐直军先生表示衷心的感谢和敬佩！

在华为高研班上多次讲解公司管理理念后，我认为从哲学的角度来理解这些理念，能帮助读者更容易地掌握本书的章节结构和中心思想，并运用于企业经营管理中。众所周知，哲学是理论化、系统化的世界观和方法论。世界观是人们对整个世界以及人与世界关系的根本观点、根本看法，方法论是人们在以此世界观来观察和处理矛盾、问题时，形成的根本原则和方法。企业在经营过程中会遇到各种矛盾和问题，最终会形成自己的价值观和经营理念，这实际上就是企业的管理哲学。本书阐述的就是华为以客户为中心的核心价值观，以及处理业务问题的思想方法和管理原则。

一个企业最根本的问题就是要搞清楚自己靠什么活下去，即厘清企业与客户的关系。华为清楚地认识到，天底下给华为钱的只有客户，为客户服务是华为存在的唯一理由，因此30多年来华为始终坚持以客户为中心，为客户服务，这是华为的核心价值观之首。世界上很多成功的公司都是以客户为中心的，亚马逊就提出要成为最以客户为中心的公司。但真正能做到且坚持下去的企业并不多，而进一步形成一整套可操作、可执行的管理理念的企业就更少了。

书中介绍的华为经营理念，用简单的一句话总结，就是要坚持"一个中心，两个基本点"："一个中心"是以客户为中心，"两个基本点"是一手抓发展，一手抓管理。以客户为中心，决定了华为的一切工作都要围绕服务客户、为客户创造价值来开展。两个基本点，用华为总裁任正非先生2003年提出的华为的宏观商业模式来概括就是：产品发展的路标是客户需求导向，企业管理的目标是流程化组织建设。产品的发展决定了企业业务发展的方向，坚持产品发展的路标以客户需求为导向，华为就能找对发展方向，不会迷路。而企业管理最重要的是管理体系建设，建设满足客户需求的流程和流程化组织并使其有效运作，才能保证华为上下始终是围绕服务客户转的。因此坚持做好这三个方面，华为"以客户为中心"就不是口号，而是真正在践行。30多年来，华为能成长为全球领先的企业，就充分证明了华为坚持这些理念的正确性和有效性。

本书紧紧围绕上述三个方面分篇阐述。每篇的各章都按"Why, What, How, How"（为什么，是什么，如何做，如何衡量）的结构来阐述华为经营管理的核心观点、思想方法和基本原则。

第一篇"以客户为中心"，首先明确指出华为靠什么生存下去，以此来说明以客户为中心的重要性。其次阐明华为对以客户为中心的理解和看法，明确提出华为的价值主张，接着阐述华为公司的发展理念。最后说明华为是否做到了以客户为中心的衡量标准。

第二篇"产品发展的路标是客户需求导向"，首先阐述客户需求与技术的关系，明确指出坚持客户需求导向是华为生存发展的正确道路，华为要以满足客户需求和技术创新双轮驱动来支撑公司未来的发展。其次阐述华为的发展必须坚持的指导方针：开放、合作、创新，基于优势选择大市场；始终强调抓住机会和创造机会，有所为有所不为，坚持在大平台持久大规模投入；坚持压强原则，力出一孔，实现重点突破；坚持每年 10% 以上的收入投入研发，掌握核心技术，不断实现技术领先。最后给出企业发展的衡量标准。

第三篇"企业管理的目标是流程化组织建设"，首先强调管理的重要性；其次明确提出华为要建立一个以客户为中心、以生存为底线，不依赖企业家个人的管理体系。管理体系建设必须简单、实用、均衡；华为管理的方向和方法，就是建立能充分满足客户需求的一系列流程及流程化组织，流程必须端到端、简洁、通畅、高效，组织必须基于流程来分配责任、权力和资源，只有这样才能实现最有效的运作，同时防止机构臃肿；管理体系还必须持续优化和改进。最后指出衡量管理是否进步的标准是看公司的核心竞争力是否持续提升。

将华为公司的经营理念编撰成书，是一个巨大的挑战和尝试。由于编者的水平有限，书中难免存在错误和不当之处，恳请读者批评指正。

夏忠毅

2022 年 1 月 20 日于华为

第一篇

以客户为中心

以客户为中心，以奋斗者为本，长期艰苦奋斗，是华为的核心价值观，是华为及其员工的价值取向，是华为在追求经营成功的过程中所推崇的基本信念和遵循的行为准则，也是华为成功的三大法宝。这三句话诠释了华为对客户、对员工关系的根本看法和根本观点。企业首先要回答的问题就是为谁服务、靠什么生存下去，这是最根本的哲学命题。

　　企业要生存，必须把企业利益放在第一位，只有确保自身的生存和发展，才会有股东及员工的利益。有的公司是为股东服务，追求股东利益最大化，但很多这样的美国公司崩溃了；还有人提出员工利益最大化，但不少这样的日本公司好多年没有涨工资了。因此以客户为中心，是华为的核心价值观之首。华为公司唯有一条道路能生存下来，就是为客户服务，使客户的价值最大化。为客户利益而奋斗，向客户提供的产品质量好、服务好、价格有竞争力，客户利益最大化了，他有更多的钱时就会再买公司的设备，华为也就能活下来。因此华为的一切工作都要围绕服务客户、为客户创造价值来开展。

　　为客户服务是华为存在的唯一理由，客户需求是华为发展的原动力。要坚持以客户为中心，快速响应客户需求，持续为客户创造长期价值。为客户提供有效服务，是华为公司一切工作的方向和价值评价的标尺，成就客户就是成就华为自己。

　　华为公司从上到下都要围绕客户转。华为之魂是客户，而不是一两个高层领导，所以要建立客户价值观。客户就是华为的太阳，只要围绕客户转，转着转着就能实现流程化、制度化，华为公司就实现"无为而治"了。

第1章
为客户服务是华为存在的唯一理由

> 一个企业必须先活下去才可能谋发展,因此华为公司的最低纲领是要活下去。活下去必须要有利润,而利润只能来自客户。天底下唯一给华为钱的,只有客户,因此为客户服务是华为存在的唯一理由,客户需求是华为发展的原动力。华为要将为客户服务的意识贯穿公司生命的始终,成为一切工作的出发点和归宿,成就客户,从而成就华为。要以客户为中心,警惕以自我为中心,反对长官导向。

1.1 华为公司的最低纲领是要活下去,最终目标是商业成功

企业的目的十分明确,是使自己具有竞争力,能赢得客户的信任,在市场上能存活下来。

1.1.1 华为公司的最低纲领是要活下去

企业作为商业组织,与人类个体不同,没有自然的生命周期,不可能长存不衰。一个人再没本事也可以活四五十岁,但企业如果没能力,可能连几天也活不下去。因此活下去,永远是企业的第一法则。

对华为公司来讲，需要长期研究和思考的问题是如何活下去，并积极寻找活下去的理由和价值。

企业能否活下去，取决于自己，而不是别人。活不下去，不是因为别人不让活，而是自己没法活。活下去，不是苟且偷生，不是简单地活下去。活下去并非容易之事，要始终健康地活下去更难。一个企业生存下去的充分且必要条件是拥有市场和客户。企业每时每刻都在面对变幻莫测的外部环境和激烈的市场竞争，以及内部复杂的人际关系，因此必须不断改进和提高，才能活下去。活下去的基础是不断提升核心竞争力，核心竞争力提升的必然结果是企业的发展壮大。

企业如果活不下去，何谈为客户服务？因此华为公司的最低纲领是要活下去。只有企业存在，才有为客户服务的机会，只有活下去，才能持续地、更好地服务客户。同时，活下去也是对客户负责，是对客户投资的保护，尤其是在电信行业。华为做的是基础设施，活下去就是对客户负责任。

1.1.2 华为公司的最高纲领是为社会创造价值

企业最低的目标是使自己活下来，但活下来只是为自己，不能成为一个伟大的企业。一个企业还是要为人类社会做出贡献，为社会创造价值。过去华为公司的愿景是，丰富人们的沟通和生活。未来二三十年，人类将进入智能社会。面向新的时代，华为要致力于把数字世界带入每个人、每个家庭、每个组织，构建万物互联的智能世界。这既是激发华为人不懈奋斗的愿景，也是华为所肩负的神圣使命。

把数字世界带入每个人、每个家庭、每个组织，本身就是为客户服务，为社会创造价值。华为要用数字技术使能数字世界进入人们的生活和工作，通过技术创新使能和满足客户的需求与体验，同时也牵引和催生新的客户需求与体验，和客户一起不断探索和创新，走向未来的智能世界。

个人、家庭和组织是社会、世界的基本构成形态，同时也直接体现了华为的主要业务场景、业务范畴。这样的业务形态、场景和范畴本身就体现了华为"以客户为中心"的核心价值观。

1.1.3 公司的奋斗目标是商业成功

活下去只是华为的最低要求，如果不能活得好，保证持续稳定的发展，就不能抵御风险，随时都可能死亡。企业要想活得好，必须有方向、梦想和追求。早在《华为公司基本法》中华为就提出：华为的追求是实现客户的梦想，并依靠点点滴滴、锲而不舍的艰苦追求，使华为成为世界领先企业。

华为是一个商业组织，它的一切努力都是为了实现目标，企业文化也是围绕目标来实现的，这种目标就是具备商业的价值和利益。华为公司的最终目标只有一个，就是商业成功。

什么才叫商业成功？华为认为就是要挣钱，挣合理的钱，持续挣钱。做任何事情，无论是开发一个产品还是签一份合同，如果挣不到钱，就没有价值。如果出于战略考虑，现在不挣钱，未来可以挣钱，也能接受。开发的产品也是要卖出去，能挣钱的。如果签下一份合同现在不挣钱，未来也不挣钱，就不能算是商业成功。

企业成功的标准只有一个，就是实现商业目的，其他都不是华为的目的。华为公司的明确导向和衡量准绳就是，商业成功才是成功。

1.2 为客户服务是华为存在的唯一理由，客户需求是华为发展的原动力

1.2.1 为客户服务是华为存在的唯一理由

企业要活下去，从根本上看，必须有利润，而利润只能从客户那里来。

何谓客户？客户就是购买或使用产品和服务的机构、组织和个人。华为的生存靠且只能靠满足客户需求，为客户提供所需的产品和服务并获得合理的回报来支撑；员工要发工资，股东要给回报，天底下唯一给华为钱的，只有客户。华为不为客户服务，还能为谁服务？客户是华为生存的唯一理由。既然决定企业生死存亡的是客户，提供企业生存价值的是客户，企业就必须为客户服务。

为客户服务是华为存在的唯一理由，这是华为对企业与客户之间关系的根本看法，是华为以客户为中心经营理念的形成，观察业务问题、处理客户关系、制定企业规章制度的根本原则和根本方法。以客户为中心，为客户服务，为客户创造价值，是发自所有员工内心并落实在行动上的，而不只是一句口号。

华为公司过去能获得成功是因为华为没有过多地关注自己，而是长期关注客户利益最大化，关注运营商利益最大化，并千方百计地做到了这一点。面向未来，华为必须继续坚持为客户服务是华为存在的唯一理由这一真理，不断发展下去。

面向客户是基础，面向未来是方向。如果不面向客户，我们就没有存在的基础，如果不面向未来，我们就会失去牵引力，就会沉淀、落后。

客户是永远存在的。世界上只有客户对华为最好，他们给华为钱，为什么不对给钱的人好一点呢？因此，为客户服务是华为存在的唯一理由，也是华为生存下去的唯一基础。

1.2.2　客户需求是华为发展的原动力

企业的发展需要资金，这只能是通过为客户提供所需的产品和服务来获得的。只有针对不同的客户需求，提供相应的解决方案，并根据这种解决方案开发出优质的产品，提供良好的售后服务，不断提高客户满意度，客户才会持续购买华为的产品，华为公司才能获得持续发展的动力。所以说，公司要实现可持续发展，归根结底是要满足客户需求，客户需求是华为发展的原动力。

互联网及芯片技术的巨大进步促进了人们思维的进步，新的知识和新的技术大大超越了人类的真实需求。很多公司过去一味崇拜技术而因此破产。从统计分析结果可以看出，几乎100%的破产公司并不是因为技术不先进而死掉的。许多引领世界潮流的技术，虽然是万米赛跑的领跑者，却不一定是赢家。技术再先进，做出来的产品不能满足客户需求，不能为客户创造价值，最后卖不出去，这对公司来说是没有商业意义的。技术只是实现客户需求的一种手段或工具。

技术在哪一个阶段最有效、最有作用呢？就是看清客户需求。客户需要什么，华为就及时地做出什么。卖得出去的东西，或略微领先市场需求的产品，才是客户真正的技术需求。超前太多的技术，当然也是人类的瑰宝，但是必然以牺牲自己来完成。

对科学家来说，什么都不管，一辈子只研究蜘蛛腿上的一根毛，这是可以的。但是对企业来说，如果只研究蜘蛛腿，谁给饭吃？企业是一个商业组织，不能研究与公司战略无关或不能给客户和公司带来商业价值的东西，要研究客户需求，实现客户需求。

任何先进的技术、产品和解决方案，只有满足客户需求或转化为客户的商业成功，才能产生价值。新技术一定要能促进质量好、服务好、成本低，非此是没有商业意义的。

创新是企业发展的不竭动力，客户需求是华为发展的原动力，创新最终还是要体现在满足客户需求、为客户创造价值上。

华为的创新也是紧紧围绕客户需求进行的。只有准确把握并顺应客户需求，才最有可能适应规律，顺应市场，华为公司才能实现持续、健康的发展。

1.3 以为客户服务定组织建设的宗旨，成就客户，从而成就华为

1.3.1 服务意识应该贯穿公司生命的始终

华为是一个商业组织，一切行为都是围绕商业利益的。华为文化就是服务文化，因为只有服务才能换来商业利益。服务的含义很广泛，不仅指售后服务，还包括产品的研究、生产及产品生命终结前的优化升级，甚至覆盖了员工的思想意识、家庭和社会生活。因此，华为以为客户服务来定组织和队伍建设的宗旨。服务带来信任，这种力量是无穷的，是华为取之不尽、用之不竭的源泉，只有用优良的服务去争取客户的信任，才能赢得客户。有一天华为公司如果不用服务了，就是要关门、破产了。因此，服务贯穿华为公司生命的始终。

华为奋斗的目的，主观上是为自己，客观上是为国家、为人民。但主客观的统一确实是通过为客户服务来实现的。没有为客户服务，主、客观都是空的。

因此，华为公司只有一个鲜明的价值主张，那就是为客户服务。那些不以客户为中心，把自己的职业通道看得太重的人在华为不会成功；相反，只有不断奋斗的人、不断为客户服务的人，才可能找到自己的机会和在公司存在的价值。

华为一直在狠抓管理进步，提高服务意识。建立以服务客户为导向的宏观工作计划，各部门均要求以客户满意度为部门工作的度量衡，无论直接还是间接的客户满意度都激励和鞭策着华为改进。下游就是上游的客户，事事、时时都有客户满意度对工作进行监督。

要通过不断强化以责任结果为导向的价值评价体系和良好的激励机制，使得华为公司所有的目标都以客户需求为导向，通过一系列的流程化的组织结构和规范化的操作规程来保证满足客户需求，由此形成静水潜流

的为客户服务的高绩效企业文化。

充分理解、认真接受为客户服务是公司存在的唯一理由这一宗旨，以此来确定各级机构和各流程的责任，从内到外、从头到尾、从上到下，都要以这一标准来进行组织结构的整顿和建设。这是华为一切工作的出发点和归宿。要坚持以客户为中心，建设从客户中来，到客户中去，端到端为客户提供服务的流程和组织，将服务意识落到实处，落实到每一项实际工作中。

1.3.2 成就客户，从而成就华为

客户的利益就是华为的利益。华为追求的不是产品的性能价格比，而是产品的终生效能费用比。为了达到这个目标，华为宁肯在产品研发阶段多增加一些投入。只有帮助客户实现他们的利益，也只有他们有利益，华为才能在利益链条上找到自己的位置。

只有真正理解客户需求，理解客户的困难、压力与挑战，并为其提升竞争力提供令客户满意的服务，客户才能与华为长期合作，共同成长，华为才能活得更久。

以客户为中心是华为的核心价值观，实际上阐明了企业和客户的辩证关系。只有挤出公司内部最后一滴多余的成本，成就客户，从而就能成就华为。

经过30多年的发展，华为已经充分认识到并明确了以客户需求为方向，以产品和解决方案为手段，充分满足客户高质量、高增值的服务要求，促进客户盈利，客户盈利才会买华为产品这一真理。华为无论现在还是将来都要始终坚持这一真理。

1.4 以客户为中心，以奋斗者为本，长期艰苦奋斗

"以客户为中心，以奋斗者为本，长期艰苦奋斗"，这是我们20多年

悟出的道理，是华为文化的真实写照。我们所有的行为都归结到为客户提供及时、准确、优质、低成本的服务。以客户为中心，以奋斗者为本，长期坚持艰苦奋斗，是我们的胜利之本。

——任正非

1.4.1　以奋斗者为本，长期艰苦奋斗，也是以客户为中心

一个没有艰苦奋斗精神做支撑的企业，是难以长久生存的。要在技术不断更替、产业变化迅速、竞争无比激烈的ICT（信息和通信技术）领域生存，华为只有依靠不断创新和艰苦奋斗。创新也是奋斗，是思想上的艰苦奋斗。

什么叫奋斗？为客户创造价值的任何微小活动，以及在劳动的准备过程中，为充实提高自己而做的努力，都叫奋斗。否则，即使把煤炭洗白，但对客户没有产生价值，再苦再累也不叫奋斗。

以奋斗者为本，其实也是以客户为中心。华为把为客户服务得好的员工作为企业的中坚力量，与他们一起分享贡献的喜悦，这就是促进亲客户的力量的成长。

长期艰苦奋斗，也是以客户为中心。公司消耗的一切都是从客户那里来的，无益的消耗会增加客户的成本，客户是不接受的。不以客户为中心，客户就不会接受、承认你，你的生活必然变得艰苦。当然，长期艰苦奋斗是指思想上的，并非物质上的。要坚持让员工通过优质的劳动和贡献富起来，要警惕的是富起来以后的惰怠。不能采用商鞅的做法，财富集中，以饥饿来驱使民众，这样的强大是不长久的。

以客户为中心是艰苦奋斗的方向和目标，艰苦奋斗是实现以客户为中心的手段和途径。华为要坚持以客户为中心，以奋斗者为本，但仅仅以奋斗者为本是不正确的。无论奋斗者干活多努力、多卖劲，如果不能给客户

创造价值，那他的努力就是多余的。

以客户为中心和以奋斗者为本是对立统一的，它们构成了企业的平衡。其中难以掌握的灰度、妥协，考验企业所有的管理者。

1.4.2　要警惕企业强大到一定程度后变成以自我为中心

生于忧患，死于安乐。企业在强大到一定程度后必须警惕以自我为中心而不再以客户为中心。对待客户不再谦虚，对客户的需求不再认真倾听，自以为是，骄傲自大，服务傲慢，最终会失去客户，使公司走向死亡。华为不能自满，变成以自我为中心，就必须不断反省，坚持自我批判。

华为的奋斗实践，使华为领悟了自我批判对一个公司的发展有多么重要。如果没有坚持这条原则，华为绝不会有今天。没有自我批判，华为就不能保持内敛务实的工作作风，就会因为取得的一些成绩而沾沾自喜、忘乎所以，掉入前进道路上遍布的泥坑、陷阱中；没有自我批判，各级干部不讲真话，听不进批评意见和客户意见，就无法保证做出正确决策并切实执行；没有自我批判，华为就不会认真倾听客户的需求，就不会密切关注并学习同行的优点，就会以自我为中心，必将被快速变化、竞争激烈的市场淘汰。因此，自我批判是华为克服以自我为中心的有效手段，也是一种纠偏机制。

所有怨天尤人、埋怨客户的观念都是不正确的，唯有改造自己。除了客户拒绝付钱或付低于设备价值的钱，客户的其他要求都不是无理要求，拒绝满足就是骄傲自大。

1.4.3　反对长官导向

人的本性是为己的，下级看领导脸色行事的情况是客观存在的。在事情的判断上，不是以客户为中心，而是看领导是否认可，并且只要按领导的意见做，即使错了，也是领导的责任，自己不用承担责任，这对企业来说是大问题。华为也存在以长官为导向的情况，在强考核、绩效与利益挂钩时尤其严重。因此必须反对长官导向。长官导向不扭转，公司就会偏离客户需求，不再以客户为中心，就会衰退直至死亡。

员工最重要的不是看老板的脸色，不要看老板喜欢谁、骂谁，而是要眼睛盯着客户。客户认为你好，你回来生气了，任总（任正非）说可以到他的办公室来踢他两脚。你要是每天看着老板不看着客户，哪怕你捧得老板很舒服，也是从公司吸取利益，而不是为公司奉献，不是为客户创造价值。因此要正确理解上下级关系和与客户的关系，华为各级干部要多听不同意见。公司最怕的就是听不到反对意见，成为一言堂。如果公司上下听不到反对意见，听不到客户的意见，都乐观得不得了，那么一旦摔下去就是死亡。

听不进客户意见，以长官为导向，也会使产品发展的路标偏离客户需求导向，导致投资犯错，产品卖不出去。历史上华为走过不少弯路，付出了不小的代价。华为要满足的是客户的需求而不是领导的需求，要永远尊重客户，尊重他们的需求，不能把自己的主管看得太重。要将客户满意放在第一位，不要总担心主管不满意，更不能因为怕主管骂，而做出违背客户利益、公司利益的行为。

华为公司是以客户为中心，不是以领导为中心。如果以领导为中心，从上到下，阿谀、逢迎、吹牛、拍马之风和假话之风就会盛行。哪个领导能提拔我，我天天就让哪个领导舒服，领导舒服了，我就可以得到提拔，领导高兴了，我就有希望，这种阿谀奉承之风，是要不得的，这样的领导在华为也是当不长的。当华为领导决策层只能听到假话，听不到客户的真正声音和需求时，就是华为死亡之日，因此必须坚决反对长官导向。

第 2 章
华为的价值主张

价值主张是企业通过经营过程向客户传递的价值理念，是企业价值观的一种表现形式。价值主张也是客户选择某个企业，而不选择其他企业的产品和服务的一个重要原因。华为的价值主张是以客户为中心，帮助客户成功。什么是以客户为中心？华为认为，首先，客户是华为之魂，只要客户在，华为的魂就永远在，华为就可能一直存在。其次，对待客户的态度要真诚和谦虚，要与客户建立良好的伙伴关系。客户的要求和期望是华为能提供优质的产品、好的服务，还能快速响应需求，客户的价值观决定了华为的客户观：为客户提供及时、准确、优质、低成本的服务。这种服务是端到端的，即从客户中来，到客户中去。要以客户为中心进行公司的流程、组织建设和资源配置。只有做到了这些才称得上真正以客户为中心，才能帮助客户成功。

2.1 客户永远是企业之魂

2.1.1 永远不要忘记客户需求是华为发展之魂

企业发展需要的资金，从根本上要靠不断满足客户需求而获得。回顾 30 多年来走过的曲折道路，华为至今仍深深感谢那些宽容华为的幼稚、接受华为的缺陷、帮助华为从一个"幼儿"成长到今天的客户。吃水不忘挖井人，华为永远不会忘记客户需求是华为发展之魂。

没有客户的支持、信任和压力，就没有华为的今天。没有不断地满足客户需求，华为也不可能发展到今天的规模。

正是基于华为内部的团结和外部客户对华为的信赖，基于锲而不舍地满足客户需求，提升企业的核心竞争力，华为摸索到了公司的一些成功要素，这些要素经过 30 多年的累积，造就了华为的成功。尽管华为过去的成功不一定能成为华为未来及其他企业成功的可靠向导，但有一点是不会变的，就是客户永远是华为的衣食父母，是企业之魂，客户需求是华为发展之魂。

2.1.2　客户是永远存在的，企业之魂就永远同在

客户是永远存在的，企业之魂就永远同在。只要真正明白这个真理，华为就可以长久生存下去。

华为已建立起以客户为中心、以生存为底线的管理体系。在这个管理体系规范运作时，企业之魂就不再是企业家，而是客户。只要客户在，华为的魂就不灭，谁来领导都一样。如果华为把自己寄托在一个人的管理上，将是非常危险、非常脆弱的。华为要琢磨客户想要什么，做什么东西卖给他们，怎么才能使客户的利益最大化。华为坚信，五千年后人们还要吃西瓜，需求永远存在，只要华为天天围着客户转，企业的生命力就会像长江水一样奔流不息。一切围绕着客户来运作，运作久了就会忘记企业的领袖，华为只要做到自我循环和运作，就能无为而治。因此，客户永远是企业之魂。

2.2 要谦虚地对待客户

2.2.1 永远谦虚地对待客户

华为从事的 ICT 行业,技术发展日新月异,没有任何可以依赖的资源,只有比别人更多一点奋斗,只有在别人喝咖啡和休闲的时间努力工作,只有更谦虚地对待客户,否则华为不可能拿到订单。

无论在国内还是海外,无论将来如何强大,是客户让华为有了今天的市场地位,华为永远不要忘本,永远要以宗教般的虔诚对待我们的客户,这正是华为奋斗文化中的重要组成部分。也要谦虚地对待供应商、竞争对手和社会各界,包括华为自己,这一点永远都不能变。

客户对华为的信任,是华为靠不断地艰苦奋斗得来的。社会在发展,客户也在不断地进步,来自客户需求的压力越来越大,华为没有理由停滞不前,必须更加努力,来回报客户对华为的信任。

2.2.2 用诚信换取客户对华为的满意、信任和忠诚

华为对利润看得不重,而是以长远的眼光来经营公司,以诚实面对客户,诚实地经营,诚实地发展公司,用诚实换取客户对华为的满意、信任和忠诚。正因为华为把利润看得不重,所以华为不去包装、炒作和投机,而是把全部精力用在脚踏实地地经营公司上。当然,诚实又没有包装,客户有时会看低华为,但最终,客户会认识和认同华为的。

华为 30 多年来努力铸造的就是这两个字:诚信。对客户的诚信,对社会、政府的诚信,对员工的诚信。诚信文化是华为最重要的无形资产。只要坚持下去,这种诚信创造的价值是取之不尽、用之不竭的。

诚信是华为的生存之本、发展之源,是华为的核心竞争力之一,是华为公司对外的所有形象,是华为品牌的核心。华为 30 多年的发展证明,

这个无形资产给华为带来了源源不断的财富。

2.2.3 出问题不可怕，关键是面对问题的态度

出了问题，所有埋怨客户的观念都是不正确的。华为不会从外部找原因，因为华为是无法左右客户的，唯一的办法是从内部找原因。怨天尤人、埋怨他人是没有用的，唯有改造华为自己。

产品是人做出来的，不可能完美无缺，有问题是难免的。出了产品质量事件、质量问题并不可怕，关键是华为自己面对问题的态度。必须要有正确面对问题的态度，必须找到解决问题的正确方法，努力去解决，问题才会越来越少，才能使客户满意度提高，才能挽回客户对华为的信任。

2.3 重视普遍客户关系，构筑战略伙伴关系

2.3.1 加强与客户的沟通

要想更好地服务客户，必须加强与客户的沟通。坚持与客户进行交流，认真倾听客户的心声，就能了解客户的好多想法，更加理解客户需求，研发出的产品才能更好地满足客户需求。华为今天之所以有进步，都是客户教华为的。不断地与客户进行沟通，就是让客户不断帮助华为进步。如果嘴上讲365天都想着产品、想着市场，但实际上市场人员连客户的名字和电话号码都记不住，那有什么用？

不管国内国外，市场体系都要建立每一个客户经理、产品经理每周与客户保持不少于一定次数沟通的制度。作为产品经理或客户经理，不能装一肚子学问却见不得客户，必须通过交流来巩固、加深客户对华为的认识和认可。研发人员也要去一线，通过与客户沟通来加深对客户需求的理解。

华为公司的高级干部是怎么进步的？就是天天与客户在一起，通过与客户的接触产生思想上的火花，这也为公司后来的发展奠定了扎实的基础。

2.3.2 重视普遍客户关系

客户关系是华为 30 多年来能够取得成功的关键要素之一，拓展客户关系，要有长远眼光。重视普遍客户关系，是华为公司的战略导向。

普遍客户关系是指为提高业务顺畅度和客户满意度，与客户相关业务部门建立的联系。这个名词是华为公司率先提出来的，是华为 30 多年来客户拓展经验的总结，是华为的竞争优势之一。由于运营商客户和政企客户存在多个业务部门，决策者不是一两个，决策人的变动、客户关系好坏与客户满意度都会影响客户的决策和业务的连续性，因此必须重视普遍客户关系。普遍客户关系是搞好客户关系的基础，也是服务客户的基础，要立足长远，不能只看当前，只关注当前的领导层。不能急功近利，将宝押在一两个客户身上，那样风险太大。建立普遍客户关系的目的，就是通过开展与客户各部门各种的业务交流、团队活动，实现良好的合作和业务运作气氛，保证客户关系的稳定性和业务运行的顺畅性。

要构筑全面、牢固、均衡的新型普遍客户关系，必须建立与客户相对应的组织和管理制度，明确责任和评价机制，全面覆盖各层次的客户，对接客户业务端到端流程的各业务环节，覆盖传统领域和新领域。要通过商务活动、例行业务交流、日常客户关怀、关键信息传递、团队建设等过程来巩固和发展客户关系。要坚持不管新旧客户，见谁都好，不抛弃、不放弃任何一个客户。要通过 PDCA[①] 循环不断改进客户关系，提升华为品

---

① PDCA，Plan-Do-Check-Act，即计划、执行、检查、行动的首字母组合，通过 PDCA 循环可以改进工作质量，是质量管理的一种基本方法。

牌形象和口碑，提高客户满意度。要在不断建立和改善客户关系的过程中，善于发现机会，抓住机会，挖掘客户新需求，通过产品和服务不断为客户创造价值。改善普遍客户关系，根本还是要通过相关部门做好本职工作，提高产品和服务质量，降低运作成本，增强竞争力来实现。

华为生存下来的理由是为了客户，全公司从上到下都要围绕客户转。建立为客户服务的价值观和文化，就是围绕客户转，转着转着就实现了流程化、制度化，公司就实现"无为而治"了。所以，普遍客户关系要推广落实。

2.3.3 构筑战略伙伴关系

运营商客户、企业客户是通过设备投资为其客户长期服务来实现可持续发展的，这与华为的ICT业务性质是一致的，因此做好客户关系的更高境界是与客户构筑战略伙伴关系，与客户共同发展，共同进步。战略伙伴关系，是一种基于高度信任，彼此需要，视对方为可靠的合作对象，同时共享竞争优势和利益的长期性、战略性的协同发展关系。与客户构筑战略伙伴关系可以资源共享，优势互补，强强联合，增强市场竞争力和服务最终客户的能力，更利于产品路标与客户的战略匹配，帮助客户成功，因此华为要与价值客户构筑战略伙伴关系。对待战略合作伙伴，华为要优先为它配置资源，将公司的优质资源分配给它，把最好的服务经理配给它，把最好的销售经理配给它，什么都把最好的配给它。实际上，在很多地区，华为和客户是生死相依的关系，已经和客户形成了事实上的战略伙伴关系，这也是客户对华为的信任。华为要巩固和发展这种关系，增强市场竞争力，在市场上占有战略地位，这样客户才不可能抛弃华为。

在构筑与客户的战略合作伙伴关系上，除了销售、交付和服务，还应开放思路，深入思考华为能给客户带来什么价值，如何帮助客户成功。要让客户充分感受到，作为战略合作伙伴，华为与其在共同发展过程中战略上的协同性及价值创造。对于政府投资或与政府关系较密切的运营商和企业客户，除了做好客户关系，还需建立好与政府的沟通机制，从而形成政府关系与客户关系的良性互动。

只有聚焦客户的压力和挑战，真正抓住客户的痛点，帮助客户解决问题，助力客户取得成功，才能真正建立起战略伙伴关系。要通过加强对客户痛点的理解、联合创新、针对性解决方案营销、全流程高质量交付和服务等，持续推动华为与价值客户的组织性战略合作伙伴关系的建立和发展。

需要指出的是，重视普遍客户关系，构建战略合作伙伴关系，最早源于华为面对的是电信运营商客户。随着华为的客户变为运营商、企业、消费者之后，这句话就不一定适用于所有客户了。比如，面对消费者客户，主要靠口碑、品牌、产品质量、服务和极致用户体验来提高他的认知度和认可度，不能像面对运营商客户那样，面对面地构筑普遍客户关系。对企业客户，华为能直接建立客户关系的也只是一些大客户、大企业，大部分的客户与消费者一样，主要是提高他们的认知度，构建渠道，通过他们去服务广大中小企业和消费者。

2.4 质量好、服务好、快速响应需求，是客户朴素的价值观

华为所处的ICT基础设施行业属于投资类市场，客户购买通信网络与信息技术设备后，往往要使用10～20年，而不像消费品那样使用年限较短。因此，客户购买设备时首先是选择伙伴，而不是设备，因为他们知道，一旦双方合作，就需要在一个相当长的时间内相互依存与合作。客户选择的合作伙伴不但要有领先的技术水平和高度稳定可靠的产品，能快速响应其发展需求，还要服务好，而且这个企业有长期生存下去的可能。如果达

不到这几个条件，就是送给客户，客户也不要。

客户的要求是质量好、服务好、能快速响应需求，且购买的商品物超所值，这是客户最朴素的价值观，也决定了华为的客户观。但是质量好、服务好、快速响应客户需求往往意味着高成本、高价格，而客户又不能接受超过价值很多的价格，所以华为必须做到质量好、服务好、运作成本低，优先满足客户需求，才能达到和符合客户要求，客户才会购买华为的产品和服务，为华为提供活下去的资金。另一方面，客户只有获得质量好、服务好、有竞争力的产品和解决方案，同时合作伙伴又能快速响应其需求，才能提升客户自身的竞争力和盈利能力。

这个世界存在众多竞争对手，如果华为质量不好，服务不好，就不用讨论了，必是死路一条。如果质量好，服务好，但成本比别人高，华为可以忍受以同样的价格卖一段时间，但不能持久，因为长此以往会将华为消耗殆尽。

未来企业的竞争有三个要素：产品质量好、服务好、快速响应客户需求。除了抓住这三个要素没有别的生存办法。华为未来的生存就是靠这三个基本点。

2.5 为客户提供及时、准确、优质、低成本服务，是华为的客户观

客户的要求是质量好、服务好、快速响应需求，这只有通过及时、准确、优质、低成本交付才能实现。下游是上游的客户，下一道工序就是客户，只有秉持"一次把事情做对"的理念和追求，才不会把问题留到下游，从而确保最终交付的产品与服务让客户满意。准确、优质、低成本交付才能保证高质量、高效，及时准确才能快速满足客户需求，只有四个要素都做到才能做到质量好、服务好、运作成本低、有竞争力。因此华为的价值观是为客户提供及时、准确、优质、低成本的服务。

2.5.1　华为生存下去的唯一出路是提高质量，降低成本，改善服务

华为生存下去的唯一出路是提高质量，降低成本，改善服务。要以优异的产品、可靠的质量、优越的终生效能费用比和优质的服务，来满足客户日益增长的需要。

华为的目标是成为 ICT 基础设施领域的业界最佳。质量好、服务好、运作成本低、优先满足客户需求是华为达到这一目标的四大策略。在设计中构建质量、成本和服务优势，这是华为竞争力的基础，否则十分容易失去竞争力，被竞争对手一下打垮。一定要使华为的产品成本低于日本的，稳定性优于德国的，先进性超过美国的。各级干部及员工都要发扬不断奋斗的精神，把精力聚集在工作上，努力达成这一目标。

光靠卖产品是做不到世界领先的，最终还是要靠质量好、服务好、运作成本低、优先满足客户需求。

2.5.2　**质量是华为的生命**

质量是客户最基本的需求，是客户不会明确提出，但却永远不会拿来谈判的需求。

质量是华为的生命，是客户选择华为的理由。如果没有质量，华为就没有了生命，所以质量永远都是第一位的。华为工程师最重要的工作是把产品做好，做稳定，保证高质量，满足客户需求。什么是好产品？好产品犹如好歌，不管什么歌曲，不管其作者是多么伟大的作曲家，只有那些流传下来，被人们代代传唱的歌才是真正的好歌。就像都江堰，几千年过去，都江堰的设计、结构、思想，到现在都没有人提出来说要改变它。产品只有长久地被人们承认，才能算是真正的好商品。

华为公司是 ICT 基础设施供应商，保障产品在网络上的安全稳定运行，是华为公司最主要的责任。未来网络容量会越来越大，安全稳定越来越困

难，因此质量安全第一，先进性第二。

没有质量，华为公司就没有品牌价值，品牌是靠高质量产品等构筑出来的。华为公司要成为ICT行业高质量的代名词，这不仅是华为的追求，也是客户对华为的期望。华为的一切工作都要以质量为先，包括研发、采购、制造、供应、交付等等，力争一次把事情做对。华为对客户负责，首先要靠质量；与供应商分享，首先也要靠质量。在所有采购策略中，质量是第一位的，没有质量就没有谈下去的可能性。要用高质量的开发来设计产品，要用高质量的器件来制造产品，用高质量的服务来交付产品，不断改进华为的管理。通过全流程、全产业链的共同努力来提高质量，使华为能更好地向客户提供高质量的产品和服务。

在短缺经济时代，只要把生产的量放大，满足需求就可以赚很多钱；现在是过剩经济时代，产品多了，生产量超过了实际需求，客户越来越倾向选择质量而非数量。如靠降价这样的恶性竞争，或靠地沟油这样的劣质产品，最终都会把企业搞死。华为公司的核心价值观是坚持以客户为中心，帮助客户成功。把产品的质量做好，让客户通过与华为合作得到好处，客户就会坚定不移地选择华为。要把终端质量搞好，这是华为终端的立足之本，没有质量，一切只是空谈。华为决不走低价格、低成本、低质量的道路，否则将会摧毁华为20年后的战略竞争力。要真正地提高质量，没有质量就无法占领市场并获得客户认可，竞争归根结底要靠提高质量。

华为公司长远的战略方针，是通过不断提高产品和服务质量，提高交付能力，提高华为的市场竞争力，并解决华为和西方竞争对手的平衡问题。

2.5.3 华为在未来的市场竞争中不靠低价取胜，而是靠优质服务取胜

华为将来在市场上的竞争不靠低价取胜，而是靠优质的服务取胜，这就需要服务专业化来保证。这么多年来，华为能够在竞争中生存，也是因

为有"服务好"这一条。哈佛写的华为案例中，总结华为公司之所以能够在国际竞争中取得胜利，最重要的一点是"通过非常贴近客户需求的、真诚的服务取得了客户的信任"，这就是整个华为公司的职业化精神。

要想让客户满意，并有良好的客户关系，没有别的诀窍，只有一个，那就是坚持优质服务。华为只有靠优质服务才能活下去。什么叫优质服务？就是华为收到了货款，客户还说华为很好，这种服务是华为提倡的。

从战略方针来看，华为要提高产品质量，提高交付能力。交付能力不仅是全球技术服务部的事，还涉及研发、制造、后方平台等，要提升总体的交付能力，就要让交付速度、交付质量都得到提升才行。所以华为要加大在服务上的投入，为客户提供优质服务。

提高对客户的服务质量、提升客户体验，是公司做强的重要抓手。要把对客户的服务质量放到最重要的位置上来，要对服务质量进行测评。

不提高服务质量，客户没的比较，只能比价格。服务质量没有提高，价格还很低，实际上竞争力差距是没有拉开的。华为要通过提高产品质量和服务质量来进行竞争，要以优质的产品和服务打动客户，低价最终是没有出路的。

华为通过研发提供全世界最优质的产品，通过制造生产出最高质量的产品，除此之外，还必须保证优质的交付和服务——从合同获取到交付和售后服务。华为赚了客户的钱，就要提高服务质量，如果服务做不好，最终就会被客户边缘化。

2.5.4 在追求高质量的基础上关注成本

企业的最根本利益是要不断地追求提高产品质量，不断地优化成本，在此基础上才能谈产品是否具有先进性。

市场的冬天来了，谁能取胜？企业无非是靠质量与成本取胜，谁的质量与成本最优秀，谁的响应最快速，谁就能度过冬天。因此研发的一、二把手要抓质量、成本与抓技术创新并重，两手抓，两手都要硬。支撑技术创新的基础是质量、成本、时间，如果离开质量、成本、时间，就没有技术创新的价值了，绝不能为了创新而创新。抓质量问题，需要耐得住寂寞，"板凳要坐十年冷"。

公司各级部门要关注质量，不能因控制成本而压低质量，要在追求高质量的基础上关注成本，不能一味地追求低价。要实行质量一票否决制，一手抓销售额，一手抓销售质量、合同质量、交付质量、服务质量。在交付合作伙伴的选择上，要把质量作为重要的评价要素。

未来十年，管道可能会扩容100倍，但价格不能涨，也就是说，按比特流量的价格，华为要降价到目前的1%，这是给研发提出来的任务。不能只盯着降价这一点上，还是要盯到质量提升上。

华为在高端领域，一定要保障产品的安全稳定运行，如果不能完全保证，就要加强服务体系的建设。在中低端产品上，硬件要做到像德国和日本的消费电器一样，在使用寿命内永不需要维修；软件升级向互联网企业学习，做到在线自助升级，这样能使公司内部的管理得到很大简化。

质量和成本密不可分，都是客户的核心需求，必须统筹考虑。传统观点认为高质量就意味着高成本，这种观点是错误的。要做到质量满足客户要求，并一次把事情做对，使总成本降到最低。质量抓好了，综合成本才能达到最优。质量和成本有一个最佳平衡点，华为追求在高质量的基础上构筑成本竞争力。

2.6 从客户中来，到客户中去，端到端为客户提供服务

管理的目的就是从端到端，以最简单、最有效的方式实现流程贯

通。这个端到端,就是从客户的需求端来,到准确、及时地满足客户需求端去。这是华为的生命线,只要华为员工都能认识到这个真理,华为就可以长久生存下去。内部管理是为及时、准确实现客户需求服务的,这是华为内部管理改革的宗旨和基础。背离这个宗旨和基础,就有可能陷入繁琐哲学。

从客户中来,到客户中去,端到端为客户提供服务。这个端到端非常快捷,非常有效,中间没有水库,没有三峡,流程很顺畅。这么快速的服务,降低了人工成本,降低了财务成本,降低了管理成本,于是我们的成本可以返还给客户,继续降价,这就是华为的生存空间。

IPD(集成产品开发)、ISC(集成供应链)、LTC(从线索到回款)的真谛就是从客户中来,到客户中去,实现端到端的服务。市场围绕客户转,技术服务围绕客户转,研发也围绕客户转,公司实现"无为而治",就安全了。

2.7 以客户为中心的组织建设和资源配置

华为的一切都是为了满足客户需求,公司的流程和组织就要围绕这个目的来建设。

2.7.1 把指挥所建在听得见炮声的地方

公司主要的资源要用在找目标,找机会,并将机会转化为结果上。后方配备的先进设备、优质资源,应该在前线一发现目标和机会时就能及时发挥作用,提供有效的支持,而不是让拥有资源的人来指挥战争、拥兵自重。应该让听得见炮声的人来呼唤炮火,来决策,指挥所应建在听得见炮声的地方。

2.7.2 把资源配置到满足客户需求、为公司创造价值的岗位上

华为的投资、人力资源管理，也要根据客户需求和社会需求的正态分布进行配置。

要用精兵强将来做畅销产品。就是针对客户需求，一定要以商业成功价值来评价，当大的产品卖不动的时候，就要迅速调集兵力，去抓去抢市场畅销的产品。

客户的需求归纳起来就是质量好、服务好、物超所值，一切多余的流程与干部设置，都不利于这一目的的实现，不能人为地绕弯路或增加关卡来安置干部。因此，必须压缩管理干部的数量，将这些人转移到专业及业务管理岗位上去。

公司在组织设置、资源配置的优先级上，要按贡献大小来排序，不能以市场空间大小为排序原则。

要把资源调整到满足客户需求、为公司创造价值的岗位上去，优质资源向优质客户倾斜。服务好优质客户，就是对优质客户最大的回报。什么是优质客户？给华为钱多的就是优质客户。从优质客户那里赚到了钱，就应该给予人家回报。对于优质客户，最好的回报就是配置优质资源服务好客户，使客户获得更大的成功，这样才是一个好的循环。

第 3 章
华为的发展理念

企业求生存、谋发展的过程中，都会形成一套发展理念。发展是企业的根本要务，华为要活下去，唯有发展，这同时也是对客户投资的保护。华为必须在战略机会窗开启时间内敢于发展，紧紧围绕核心竞争力发展，敢于战略放弃，在发展中注意量和质的均衡，还要控制发展的节奏，保持合理的发展速度，不能让企业穿上"红舞鞋"。

"深淘滩，低作堰"是华为公司发展壮大的商业模式和制胜法宝。深淘滩，就是卓越运营，直到拧干毛巾中的最后一滴水，使为客户创造更多价值成为可能。低作堰，就是控制自己的贪欲，只赚取合理的利润，多让一些利给客户、合作伙伴和供应商，获得更多为客户提供服务的可能。共享价值链利益，实现产业链上下游的共同发展和整体强健，增强端到端为客户服务的能力。营造公司发展的良好生态环境和营商环境，是华为发展的基础。

华为要做到发展方向大致正确，不犯大的错误，就必须在复杂的内外部环境中抓住主要矛盾和矛盾的主要方面。要围绕客户需求，洞察客户和华为的战略结合点和机会，形成清晰的主攻方向，勇于担责，敢于决策，聚焦主航道，不断发展，使客户价值最大化。在公司发展过程中，要狠抓管理，乱中求治，使扩张不至于陷入混乱；在公司处于稳定平衡状态时，要敢于治中求乱，打破平衡，对外抓住机会，快速发展，对内激活组织，使华为公司始终充满活力和竞争力。

3.1 发展是硬道理

企业不发展就会落后、死亡，华为公司要实现把数字世界带入每个人、每个家庭、每个组织，构建万物互联的智能世界的愿景和使命，就必须活下去；要继续为全球30多亿人口提供通信服务，也必须活下去。要活下去就必须要发展，发展是硬道理。

公司越发展，赚钱越多，投入未来越多，核心竞争力就越强，机会就越多，从而赚得更多，进而吸引世界各国的优秀"蜂子"进来，然后华为就会有更强的竞争力，赚更多的钱，引进更多的"蜂子"，形成良性循环。公司竞争力越强，抵御外部风险的能力就越强。

3.1.1 不进则退，唯有发展

企业生存如逆水行舟，不进则退。华为能不能停下来不发展？停下来是不行的，停下来就会衰落，唯有发展。

停滞不前，别人进步就意味着自己退步。华为一天不进步，就可能出局；三天不学习，就赶不上思科、爱立信、苹果。华为30多年的发展历程也证明，若不进步，要在高科技行业中生存下去几乎是不可能的。在这个领域，没有喘息的机会，哪怕只落后一点点，都会无法与跨国公司竞争，被客户抛弃，最终走向死亡。华为只有提高核心竞争力，不断创新和发展，才能在技术日新月异、竞争日趋激烈的社会中生存下去。

必须充分认识到技术与市场给华为带来的危机。1989年，王安公司还有 30 亿美元的年销售额，1992 年就宣布申请破产保护了。诺基亚因手机畅销而站上顶峰，也因苹果横空出世，在智能手机竞争中跌下神坛。柯达曾经是传统影像行业的霸主，结果因循守旧，丧失数码技术优势而最终破产。摩托罗拉曾经是多么辉煌的企业，差点儿收购华为，最终也衰落了。朗讯倒下了，北电网络破产了……这种例子举不胜举。统计发现，高科技企业每过 30 年就所剩无几，这种激烈的竞争，也推动着社会的进步。华为被历史摆在了一个不进则退的位置，"科海"无边，回头无岸，错过了发展的机遇，将会全军覆没。

华为公司规模越大，面临的压力和挑战就会越大。当前外部环境更趋复杂，世界经济下行压力加大，贸易保护主义抬头，华为将长期在美国对领先技术持续打压的逆境中求生存，要么停滞不前，逐渐消沉，要么励精图治，共克时艰，更上一层楼，在世界一流企业之林占有一席之地。正所谓不进则退，华为除了发展别无选择。

3.1.2　抓住机会扩张，敢于胜利才能善于胜利

科技的飞速发展，使得所有新产品和新技术的生命周期越来越短。如果不能紧紧抓住"机会窗"开启的短暂时机，获得规模效益，那么企业的发展会越来越困难。

过去 30 多年，华为抓住了难得的发展机会，实现了非常稳定的扩张。未来 30 年，世界将经历百年未有之大变局，这样的历史机遇，给了华为冲破封锁线并站到世界前沿的可能性，华为要抓住这次宝贵的机会。

机会是企业扩张的动力。历史上曾经出现过千载难逢的机会，20 世纪 90 年代，中国通信事业快速发展，华为抓住了为运营商提供通信设备的机会，获得了高速发展。2001 年起，华为走向海外，实现了国际扩张，2011 年，华为又抓住了智能手机的发展机会。随着 5G（第五代移动通信

技术)、互联网、人工智能等技术的发展,未来将进入万物互联的智能社会,华为必须抓住这次机会继续扩张,敢于胜利才能善于胜利。

要以战略思维和长远眼光来看待公司发展,发展需要成本,未来总是充满不确定性,不能因为有危机而不敢投入。该发展时必须抓住机会迅速发展。抓住了战略机会,花多少钱都是胜利;抓不住战略机会,不花钱也会死亡。节约是节约不出华为公司的。

3.1.3 不为短期利益所动,紧紧围绕企业的核心竞争力发展

华为要发展,不能为短期的利益所动,要紧紧围绕企业的核心竞争力进行经营管理,不利于提升企业核心竞争力的事坚决不做。在一些与企业核心竞争力不相关的利益面前,华为是经得住诱惑的。可以说,为了核心竞争力,华为失去了很多机会和利益,但如果没有核心竞争力,华为将永久地失去发展的机会。对华为来讲,可选择的机会确实很多,只有有所不为,才能有所为,华为"有所为"的标准只有一条,就是不断提升公司的核心竞争力。有了核心竞争力,华为就可以做许多事情,失去了核心竞争力,华为将一事无成。

大家知道,深圳经历了两个"泡沫经济"时代,一个是房地产,一个是股票。华为公司一点都没有卷入这两个领域,倒不是什么"出淤泥而不染",而是始终认认真真地搞技术。房地产和股票泡沫出现的时候,华为也有机会,但公司认为未来的世界是知识的世界,所以不为所动。

3.1.4 从以规模为中心逐步转向有效益的增长

华为前 20 年是以规模为中心,因为那个时候的市场空间很大,利润还比较丰厚,只要实现规模就一定会有利润。但随着华为公司不断发展壮大,销售增长放缓,与此同时,公司员工人数增多,运作成本增加,如果不追

求有效增长，不抓经营效率，华为公司的利润和现金流就可能为负。因此，从2009年开始，公司要求每个代表处、每个地区部、每条产品线，必须以正的现金流、正的利润和正的人的效益增长为中心，做进一步考核。如果继续以规模为中心，公司会陷入泥潭。

有效益的增长是指有利润的增长，有现金流的利润。企业经营的最主要也是最终的目标就是获取利润。这个利润不仅指短期的，也指中长期的，要年年有利润，有持续发展的资金。因此华为公司的经营目标是追求长期有效增长，但不追求利润最大化。

对有效增长的考核，不能光看销售额。销售的目的不仅仅是签订订货合同，不论多么激动人心的机会都必须形成收入，不论多大的收入最终都要转化成利润和现金流，否则是饮鸩止渴，将导致公司灭亡。

有效增长，强调市场机会第一，然后才是人均效益，即增长在先，人均效益在后。如果片面强调人均效益第一，那么在公司销售量增加的前提下，只要不招人，人均效益就提高了，但公司的有效增长不够。因此，人均效益提高的基础还是有效增长，是以有效增长为中心，以自我协调为中心的机制。大家的眼睛不能只盯着人均效益，否则一定会失败。要有战略思维和长远眼光，要盯到公司的增长和增长潜力上，盯到创造的总效益上，然后再来考核人均效益。

公司一定要坚持以有效收益为主线，不要盲目扩大。公司的经营，也要从以往的盲目追求规模转到注重效益、效率和质量上来，真正实现持续有效增长。

3.1.5　扩张的同时必须能控制得住，企业不可穿上"红舞鞋"

企业缩小规模就会失去竞争力，如果扩大规模，又不能有效管理，也会面临死亡。因此企业的发展要保持节奏，宽严有度。企业初创时期，必须有严格的管理和控制体系，而当企业发展到一定阶段，就要保持适当的宽松，不骄不躁，激发组织活力。

华为只有保持合理的成长速度，才能永葆活力。首先，没有合理的成长速度，就没有足够的利润来支撑企业的发展。由于信息的广泛传播，人们的智力得到更大的开发和更大的解放，能够创造出更多的新产品和新技术来服务于这个世界。信息网络的加速发展使得新产品和新技术的推出越来越快，如果不能抓住"机会窗"开启的短暂时间，获得规模效益，那么企业的发展会越来越困难。如果没有全球范围的巨大服务网络，没有快速、规模化地推出新产品的管理体系，就不能抓住"机会窗"，获得足够利润来支撑华为的快速发展。其次，没有合理的成长速度，就没有足够的能力给员工提供更多的发展机会，从而吸引更多企业所需的优秀人才。人才的发展遵循马太效应，当华为有很好的经济效益时，就能吸引更多人才加入，有了更多的优秀人才，加上较好的管理，就能使人才尽快成长，创造更多的财富。更多的财富进一步支撑更多的人才加入，使公司管理更加优化，华为就有了持续发展的基础。最后，没有合理的成长速度，就会落后于竞争对手，最终导致公司的死亡。华为必须达到并保持高于行业平均增长速度和主要竞争对手的增长速度，通过扩大规模来抵御外部风险。

必须控制住企业的扩张和增长速度。饼摊得越大，漏洞越多，在把饼摊大的过程中，完备的监管体系、强大的监控能力和先进的IT（信息技术）系统必须同步跟上。在不具备监控能力的情况下盲目扩张对公司是危险的，企业不可穿上"红舞鞋"。很多企业盲目扩张，多元化经营，管理、能力、资金跟不上，导致公司破产，这样的例子比比皆是。要坚持用以业务为主导、财务为监督的管理制度来管理公司发展。始终保持对组织的约束和控制，在发展中约束，在约束中发展。保持发展与约束的平衡，并使这种平衡在发展中不断地优化。

3.2 深淘滩，低作堰

"深淘滩，低作堰。"李冰父子两千多年前的治水准则，给华为以深刻的启发。同时代的古巴比伦空中花园和古罗马水渠、浴室，已荡然无存，而都江堰至今仍然在灌溉并造福于成都平原。李冰留下的"深淘滩，低作堰"的准则，是都江堰长生不衰的主要"诀窍"。其中蕴含的智慧和道理，远远超出了治水本身。华为公司若想长存，这些准则也同样适用。

深淘滩，就是不断挖掘内部潜力，拧干毛巾的最后一滴水，降低运作成本，把一切资源用到能为客户带来价值的地方，为客户提供更有价值的服务；同时确保增强核心竞争力的投入，确保对未来的投入，即使在金融危机时期也不动摇。低作堰，就是节制对利润的贪欲，只赚合理的钱，不要因短期目标而牺牲长期目标，自己留存的利润低一些，给客户让利多一些，或者服务客户好一些，善待上游供应商。"深淘滩，低作堰"是华为公司支撑"以客户为中心"的核心理念，是华为公司发展壮大的商业模式和制胜法宝。

3.2.1 公司要长期生存下去，价格一定要低重心

在市场成熟期，所有产品都只能取得薄利，企业靠规模来取胜。过去，华为的交换机就卖得很便宜，销售量大，利润就出来了。

华为一贯主张赚小钱不赚大钱，要像王小二卖豆腐一样，薄利多销，这就是华为的商业模式。因为电信网络逐渐不太挣钱了，有些设备供应商减少了投资，才让华为赶了上来。如果华为在这个行业称霸时继续坚持赚小钱，谁想进这个行业赚大钱都是不可能的。要赚小钱的企业如果耐不住寂寞干不了，还是会由华为占着这个位置。如果华为长期保持饥饿状态，不谋求赚大钱还是赚小钱，最终就能持久赚钱。如果分配不是很差，还过

得去，大家不散掉，华为就能长期生存下去。华为如果只谋求短期利益，想赚大钱，就是在自己埋葬自己。

华为要成为世界主流 ICT 基础设施供应商，价格一定要低重心。运营商之间的并购整合，造成全球价格透明，利润壁垒被打开。公司要积极应对这种变化，要在变化中求生存，关键是要降低运作成本，提高运营效率。华为反对低质低价，追求为客户提供高质量的产品和服务。

华为追求合理的利润，不能太高价，过高的价格会引来竞争者。也不能太低价，太低价会破坏产业环境，自己也会生存不下去。任何一个产品都可能经历从不盈利到盈利的过程，要用产品长期的盈利战略支持短期的不盈利战略，关键是要设置一个边际成本点，规模量超过这个点之后就能盈利。华为一定要坚定不移地保持低重心，只赚合理的利润，紧紧抓住土地，大地是母亲，力量无穷。首先要抢地盘（市场），抢到地盘后再生根开花。

公司经营的目标不能是追求利润最大化，所有薪酬、经营的指导方针不能是追求利润最大化。利润最大化实际上就是榨干未来，伤害了战略地位。要理解"深淘滩，低作堰"广泛及深刻的含义，要从丰田事件中吸取教训。

要深刻理解"低作堰"。华为的一切出发点都是为了客户，其实最后得益的还是华为公司自己。华为不要太多钱，只留着必要的利润，只要利润能保证华为生存下去就行。把多的钱让出去，让给客户，让给合作伙伴，让给供应商。能活到最后的是最厉害的，因为每次合作都要与强手竞争，能活下来的都是蛟龙。

3.2.2　价格低质量还要好，意味着内部运作成本必须低

价格低，产品质量还要好，就意味着只有做到内部运作成本低一条路。不仅要在各个运作环节寻找优化，而且要合理控制员工薪酬，不然客户是不会接受你的员工舒适的工作与生活，以及员工的高工资高成本，凌驾在

他们头上的。

新技术对商业成功的决定作用将有所淡化，经营低成本将成为竞争的关键要素。要低作堰，必须不断地深淘滩，降低内部运作成本。只有做到了深淘滩，才能在保证合理利润的基础上更好地低作堰。

历代封建王朝，当新朝建立时，运行成本是比较低的，因为前朝的庞大皇族已把国家拖得民不聊生。但新的皇帝又生了几十个子女，每个子女都有一座府邸，他们的子女又继续繁衍，经过几十代，这个食利家族会大到一个国家都不能承受。人民不甘忍受，就会推翻它，它又重复了前朝的命运。华为如果积累了这种病，要不了几年就会破产。"秦人不暇自哀而后人哀之；后人哀之而不鉴之，亦使后人而复哀后人也。"

华为所有的运作都要考虑成本，要精简流程中不必要的环节和多余的组织，避免庞大的非作战成本。这里压缩的只是内部运作成本，而不是客户的和供应商界面的管理费用。

3.2.3 公司未来的生存发展靠的是管理进步

要提高华为的运作质量，降低内部运作成本，就必须建立一个优质的管理体系，它应该是包括流程、组织、考核、激励等一系列环节的高度有效的管理平台，剔除无效的成分，提高公司运作效率和核心竞争力。

单靠技术壁垒取胜的时代很快就会转变为靠管理取胜的时代。如果华为在领先的几年中，占据了非常大的市场，从而将成本摊薄，并持续在追求高质量的同时把成本也控制住，保证产品竞争力，这个市场就可能继续是华为的。这个成本并非单指产品技术成本。不能靠压低供应商的元器件价格来降低产品成本，而且在保证高质量的前提下采购降成本的空间有限，就必须靠降低华为内部的运作成本来提升产品竞争力，这取决于公司管理是否简单高效。因此，公司未来的生存发展靠的是管理进步。

小资料：都江堰

都江堰是战国时期李冰父子修建的，两千多年来一直发挥着防洪、灌溉的作用，是我国历史上的一个奇迹。

都江堰水利工程包括鱼嘴分水堤、飞沙堰和宝瓶口三部分。鱼嘴主要起分洪作用，将岷江水一分为二，外江用作泄洪排沙，内江用作灌溉川西平原。鱼嘴分水堤的下端是飞沙堰，作用是排放过量的洪水和沙石。飞沙堰的下端是宝瓶口，宝瓶口是川西平原的总进水口，控制着灌区的生产生活用水量。鱼嘴分水堤根据岷江水量的变化，自动调节内外两江的进水量。秋冬季节水量小，六成水量流入内江，四成流入外江；春夏季节江水暴涨，弯道环流的引力会把水流引向外江，此时外江进水六成，内江进水四成。当内江水量超过宝瓶口所需的水量时，则由飞沙堰溢出，以保护下游灌区免遭洪灾。

每年洪水过后会有沙石淤积，李冰为此建立了定期维修的制度（岁修），并将其总结为"深淘滩，低作堰"的六字口诀。这里的"滩"指的是凤栖窝下的一段内江河道，李冰在河道中段滩底埋设了石马，明代以后，石马被换成了更为坚固的卧铁，每年岁修时，河床淘沙深度以见到卧铁为准。淘得过深，宝瓶口进水量偏大，会造成洪灾；淘得过浅，宝瓶口进水量不足，难以保证灌溉。岁修时还要修整堰体（即堆筑的竹笼结构），调整飞沙堰的高度。"深淘滩，低作堰"至今被奉为治水典范，滋养着中国西南的一方土地。

3.3 从上游到下游产业链的整体强健，是华为生存之本

为客户提供全方位的服务，仅仅靠一家公司是不够的，也是无法实现的，因为单个企业的能力再大再强也是有限的，实际上都是依靠一条产业链，为客户提供服务。哪怕只是为客户提供很简单的产品，缺少构成产品的任何一个器件也没法生产，无法及时保障供应。如果没有渠道将产品销售和送到客户手里，也就无法为客户提供满意的服务。企业的供应链就是一条生态链，客户、合作者、供应商、制造商在同一条船上。所以能否保持上游到下游产业链的整体强健，是一个企业能否很好地服务客户的基础。只有加强合作，关注客户、合作者、供应商、制造商的利益，追求多赢，企业才能活得长久。现代企业竞争已不是单个企业之间的竞争，而是产业链之间的竞争。从上游到下游的产业链的整体强健，是华为生存之本。

华为明确在保障华为商业利益的前提下，要合理分配产业链利润，保证供应商的合理利润，维护健康产业环境，打造华为与供应商合作共赢、可持续发展、有竞争力的产业链，从而保障华为供应的连续性，获得相对竞争优势，更好地为客户提供服务。

企业管理的关键是面向客户、面向市场做要素整合。把资金、技术、人才、市场、研发、制造、企业内外产业链等面向市场竞争的所有资源和要素有效整合起来，高效运作，并在市场竞争中赢得客户，取得胜利，这是管理的价值，也是管理的目标。

3.3.1 善待供应商

要善待供应商，与供应商保持良好的沟通往来，这有助于强化华为与供应商之间的互信，减少不必要的交易成本，符合双方的利益。不要将供应商当成敌人，要把他们当成朋友。采购人员不要怕这怕那，这样虽然撇

清了责任，却无益于公司。

华为公司大到一定程度以后，必然要与供应商建立战略性伙伴关系，这才能保证物料源源不断地、高质量地供应上来，公司才能快速发展。要给供应商可以活下去的价格基础，不要让供应商崩溃或降低器件质量。选择和认证新的供应商，或者因为器件质量问题造成返工、批次问题，都是需要成本的。要从全流程、全生命周期的角度看待器件质量成本。

善待供应商并建立友好的合作关系，能保证公司产品供应的连续性。要加强与战略供应商的合作，共同创新，共同进步，推动创新资源、最新技术、最新产品优先为我所用，实现双赢。要有策略，要有修养，要有原则，也要灵活。比如希望供应商降价，应在网上好好查一查世界走势是什么样的，别人什么样，拿出一个策划方案来。要获得合理的价格并保证及时的供应，并不一定需要通过冷漠地对待供应商，也不一定需要通过敌视供应商来获得。只要有策划，同样能够达到目的，并不一定要缺少礼节、礼貌和尊重。如果公司采购人员只会机械地讨价还价，而不能建立与供应商的长远合作关系，就会葬送公司的明天。

对于采购付款，在合同谈判时要努力争取好的付款条件，在支付时要遵守条款按时付给供应商。对供应商的管理不必过于苛刻，关系不要搞得太死板。要善待供应商，往来而不腐败就是善待。华为的原则是：关系要改善，制度要严格，纪律要清楚，处分不能手软。

华为要给供应商分享利益，供应商把器件提供得更及时一点、质量做得更好一点，华为才能最终服务好客户。要通过质量优先，优质优价来长期保证物料质量和供货连续性。

3.3.2 多栽花少栽刺，多些朋友少些"敌人"，与合作伙伴共赢

华为跟别人合作，不能做"黑寡妇"。黑寡妇是拉丁美洲的一种蜘蛛，

在交配后，雌蜘蛛就会吃掉雄蜘蛛，作为自己孵化幼蜘蛛的营养。2010年前，华为跟别的公司合作，存在一两年后就把一些公司"吃掉"或"甩掉"的现象，现在有些改变。要开放、合作，实现共赢，不要一将功成万骨枯。华为要保持"深淘滩，低作堰"的态度，多把困难留给自己，多把利益让给别人。多栽花少栽刺，多些朋友少些"敌人"。团结越来越多的人一起做事，实现共赢，而不是一家独大。

不可能只有喜欢华为发展壮大的人，还有恨华为的人，早些年，华为可能导致了很多小公司没饭吃，要改变这个现状。前20年华为把很多朋友变成了敌人，后20年华为要把敌人变成朋友。当华为公司在这个产业链上拉着一大群朋友时，华为就只有胜利这一条路了。

要以开阔的心胸容纳来自四面八方的人，而不是收购以后都要自己打天下；不要趁着经济危机打压小公司，而要追求共赢。用善意而不是敌意对待小公司，收购就容易成功；如果前面的收购是成功的，其他小公司就可能投奔华为，华为就有可能很快地做大做强。

华为对待竞争对手也要友善。有人可能会说：大家抢粮食，还要我们友善，让我们怎么办？要知道，人家过冬天也很冷，人家也需要一些柴、一些米，华为也不要寸步不让，也要让人家活下去，活下去也是帮助华为培养一个明天逼着华为进步的人。

3.4 建立有利于公司发展的良好生态

华为要从战略上重视生态环境的建设，认真思考公司的生态环境是什么，怎么改善公司的生态环境，通过什么手段去建立良好的生态环境。

未来的竞争更体现为产业链之间的竞争，为构建公司与客户、竞争对手、合作伙伴、政府的和谐关系，改善华为的生存发展环境，公司董事长、

CEO（首席执行官）或轮值董事长要保持与业界公司领导、外国政府领导的沟通与交流。

随着公司的发展以及美国政府对华为的长期打压与遏制，华为的国际商业环境会变得越来越困难，公司要拿出更多化解商业困难的措施。华为虽然已经强大，但内部还存在着不少问题，要学会适当示弱，内刚外柔，别得意张狂，学会处理好内部关系与外部关系。表面的强大不是强大。

公司决定把公共关系部从市场部里面独立出去，目的就是不再围绕着项目营造环境，而是要营造一个有利于华为公司发展的良好的产业生态环境。

公司的战略宣传，一面是对自己，一面是对社会，两者是融合的。对内的牵引要敢于理直气壮，对外的宣传要做到血脉相连、一体化。总要找到一个系统性的结构来向客户和社会传递公司信息，让客户看到华为是什么样的，让社会看到华为是什么样的，华为能引领这个社会如何变化。

华为要为建立公共的市场秩序做出贡献。作为强者，不能只顾自己的利益，不关心、不关注为市场建立公共秩序。一个全球化、超宽带化的市场秩序，尽管还不清楚它的结构是怎样的，但华为要积极去探索，至少不能用恶性的方式去破坏它。

3.4.1 与友商共同发展，共同创造良好的生存空间，共享价值链的利益

要重视但不敌视竞争对手。要感谢竞争对手的存在，正是它们的存在，才使华为公司得以持续不断地发展和进步。正如猎狗旺盛的生命力源于猎物的存在，源于老虎和豺狼的存在。在一种生存游戏中，当豺狼和老虎都被消灭后，猎狗甚至会被羊和鸡消灭。这个游戏告诉我们，当猎狗处于一种安逸和放松的享乐状态中，没有了对手和较量，没有了危机和竞争，就

很容易萎靡倦怠，从而走向颓废甚至灭亡。华为公司能够走到今天，不光是因为外国竞争对手给了华为极大的压力，使公司不断地突破，同时国内的竞争对手也追在华为屁股后面，一步都不放松，推着华为进步。没有这双重的力量，华为今天也许就麻痹、松懈甚至崩溃了。

要与友商共同发展，他们既是竞争对手，也是合作伙伴，其实也是华为重要的老师。要与他们共同创造良好的生存空间，共享价值链的利益。

在海外市场拓展方面，华为不打价格战，要与友商共存双赢，不扰乱市场，以免西方公司群起而攻之。要通过自己的努力，通过提供高质量的产品和优质的服务，来获取客户的认可，不能为了一点点销售额去损害整个行业的利润，华为决不做市场规则的破坏者。通信行业是一个投资类市场，仅靠短期的机会主义行为是不可能被客户接纳的。

任何强者都是在均衡中产生的。华为可以强大到不能再强大，但是如果一个朋友都没有，华为能维持下去吗？显然不能。华为为什么要打倒别人，独自称霸世界呢？想把别人消灭、独霸世界的希特勒，最后灭亡了。华为如果想独霸世界，最终也会灭亡的。华为不应有狭隘的观点，想着去消灭谁。华为和强者既要有竞争也要有合作，只要有益于华为就行了。

要走向开放，如果只想独霸世界而不能学会"分蛋糕"，那华为就是希特勒，就将以自己的灭亡为下场。不舍得拿出地盘的人不是战略家，华为员工要去看看《南征北战》这部电影，不要在乎一城一地的得失，华为要的是整个世界。

3.4.2 以土地换和平，牺牲的是眼前的利益，换来的是长远的发展

伊扎克·拉宾是以色列总理，他知道以色列是一个小国，处在几亿阿拉伯人的包围中，尽管几次中东战争以色列都打赢了，但不能说50年、100年以后阿拉伯人不会发展起来。今天不以土地换和平，划定边界，与

周边和平相处,那么一旦阿拉伯人强大起来,他们又会重新流离失所,只有和平谈判才是解决阿以问题的唯一出路。而大多数人只看重眼前的利益,阿里埃勒·沙龙是强硬派,会为犹太人争得近期利益,人们拥护了他。2001年的以色列选举,让大家看到了犹太人的短视。华为公司不能这样,要从长期看与竞争对手的关系。一时牺牲的是眼前的利益,但换来的是长远的发展和生存空间。

华为早在20年前就提出要向拉宾学习,以土地换和平。加大与友商的合作步伐,实现优势互补,共同为客户创造更大的价值。经过了七八年,终于让更多的人认识了华为,很多友商视华为为朋友。未来要敢于开放自己的技术,共享能力,这是缓和华为与外界矛盾的基础。要用积累起来的技术财富,为创新带来更多动力和基础,只要不贪婪,跟别人共享,其实就颠覆了现实的模式,建立了和谐的关系。华为不能唯我独尊,树敌过多。

3.4.3　做好与政府的沟通

华为越做越大后,与不同国家政府的关系越来越密切,需要加强沟通,改善生态环境。要普遍改善与各国政府的关系,并要在力量投入上有重点,在重点环节上取得突破。

3.4.4　改善与媒体的关系

要改善和媒体的关系,就要善待媒体。在与媒体的关系上,也要低作堰,而不是高筑坝。媒体辛辛苦苦来了,就要尽可能给他一点有效信息,让他能写篇文章;要采访任何一个员工都可以,员工想说什么就说什么,批评华为公司更好,不一定要说华为公司的好话,事实自有公论。华为有什么事,捅捅也好,小不振则大震。早些知道哪里错了,总比病重了好。

另外，公共关系部也不要那么僵化，善待人家，允许人家采访一下，回去有名有姓地写了也就交差了。华为的客户不仅有运营商，还包括政企客户和消费者，品牌、企业形象、口碑非常重要，因此要改善与媒体的关系。

媒体关系也是生态环境的一部分。过去20多年华为在这一点上比较谨慎、保守，现在要及时适当地开展起来。

要鼓励搞媒体关系的人敢说话，敢说错话，说两句错话也没有什么关系。世界上真没有一个公司因为哪个人说错话而垮了的。如果说两句错话组织就垮掉了，说明这个组织真不值钱。华为公司发展到这个时候要允许批评。任总所有的讲话、文章，都号召华为公司内部要出现敢于反对的声音。华为公司不可能事事都做得正确，历史上华为也犯过不少错误。因此要解放思想，鼓励讲真话。如果说错话了，一起开个讨论会，总结下次该如何纠正是必要的，不能打击报复，不要和这个人的前途命运相连。要思想放开一些。

需要注意的是，改善和媒体的关系，是指善待媒体但不要利用媒体。任何事情都有正和反两个方面，不要以为就你得到好处了，可能你已陷入更复杂的问题里了，企业也是如此。不利用媒体帮华为做什么事，不和媒体像过去那么不和谐就行，华为需要的就是媒体给华为一个弹性的环境。

3.5 抓住主要矛盾和矛盾的主要方面

3.5.1 当领导一定要抓住主要矛盾和矛盾的主要方面

企业发展过程中会遇到很多矛盾：利他与利己，扩张与控制，规模与效益，长期与短期，机会与风险，聚焦与分散，放权与监管，客户导向还是长官导向，自主开发还是合作开发，领先还是跟随，需求的共性与个性，流程的简单与复杂，规范与灵活，等等。必须要厘清这些关系，抓住主要矛盾和矛盾的主要方面，把握好方向，谋定而后动。

一个主官最重要的是必须有洞察力，有清晰的工作方向，保证做正确的事和正确地做事。华为很多主官很忙，实际上大部分时间干的是不一定正确的事。大家累得很、忙得很，却不产生什么价值。要当好一个领导（主官），就一定要抓住主要矛盾和矛盾的主要方面。主要矛盾是指事物发展过程中处于支配地位和起决定作用的矛盾，它决定事物的发展方向或进程。而矛盾的主要方面指同一矛盾中处于支配地位和起主导作用的方面，它决定事物的性质或规律。要找准工作方向，保证做正确的事和正确地做事就是要抓住主要矛盾，抓住矛盾的主要方面。主官要想清楚再干，这样可以少走很多弯路。华为公司过去有很多"草莽英雄"，提着盒子枪，还没想清楚怎么打仗，就先站起来了。如果事情没想清楚，就会浪费很多精力，不断地反复，效率低下，这种习惯也会极大地伤害公司员工的积极性。

未来的不可知性使华为公司的前进充满了风险，面对不确定性，各级主官只有抓住主要矛盾才能保证有较清晰、正确的工作方向，以及实现这些目标的合理节奏与灰度，做正确的事；只有抓住矛盾的主要方面，清醒感知周围世界的变化，识别关键影响因素，不断自我批判，掌握正确的做事方法，抓住主要问题和关键因素，合理安排资源，才能将事情做好。

3.5.2　抓主要矛盾，要适当忽略细节

抓住主要矛盾，是建立对事件的宏观看法。如果这件事情也做，那件事情也做，就会想不清楚自己要做什么。要抓大放小，避免抓了芝麻，却丢了西瓜。要抓急放缓，重要又紧急的事要优先处理，不重要又不紧急的

事可以先放一放。做领导不能事无巨细，什么都要管起来，要抓重点、抓关键。

有些主官的汇报胶片面面俱到，像绣花一样，处处都绣得很精细，但是缺少灵魂，没有抓住核心。简言之，就是没有抓住主要矛盾和矛盾的主要方面。大家可以看看解放战争，在东北战场上，国共双方上百万兵力交锋，双方统帅和高级将领是如何抓住主要矛盾以及矛盾的主要方面的。

战争没有想象中那么复杂，也没有想象中那么简单。如果抓不住要领，不知道仗应该怎么打，就无法取得胜利。因为不懂，讲再多都是游戏。真正作战时，需要抓住主要矛盾，抓住主要矛盾中的主要问题，然后攻其一点，注意迂回。

在公司投资上也不能太重视细节，要有战略思维，一切为了胜利。比如攻打城市，要求打开城墙缺口，不会在乎是一发炮弹炸开的还是六发炮弹炸开的，要求就是打开城墙，冲进去占领这个城市。不是说不该降低成本和提升质量，而是要看战略机会点，看谁更重要，一定要把战略力量集中在关键的突破口上，集中在主航道、主战场上。

各级主官抓工作一定要纲举目张。有些主官喜欢把功劳归于自己，大事小事都自己做，非常辛苦，手下的 100 多号人却不知道干什么。这些主官还对别人说，你看我多辛苦，他们都不干活儿。这样的主官应该回到操作岗位上去，不适合当领导。你的兵不干活儿是你领导无方。没有熊的兵，只有熊的官。关键是抓住主要矛盾和矛盾的主要方面，做合理的安排，妥善安排大家的工作，充分发挥集体的作用。

3.5.3 抓主要矛盾，要关注事物的共性

抓主要矛盾，要关注事情的共性和本质，抓住了共性就能解决主要问题。每一种东西都包含个性和共性，要加强对共性的归纳和规范，也可能

处理 5% 的个性化的东西甚至超过了处理 95% 的共性东西的工作量，对这些个性化的东西，可以拿出来单独讨论，然后用行政文件来规范。个性化的问题也可以打包封起来，以后再打开这个包来梳理。

要不断将例行管理和例外管理区分开来，例行管理要标准化、规范化、流程化运作，领导要抓例外管理，将例外的工作通过不断地细化、规范，转变为例行管理。例外越少，运作成本越低，管理就越有效。

3.5.4 抓主要矛盾，要抓住主干流程

抓主要矛盾，要抓住主干流程。比如，人的消化系统就是主干流程，从吃饭到排便，医生检查消化系统，首先看吃了饭能否把便排出来，然后才去治胃溃疡、直肠癌。直肠癌可能几个月甚至一两年才要人的命，但便排不出来一两天就会要人命。

公司最主要的业务流程就是主干流程。产品开发，销售到回款都是华为的主干流程。仍以人为例，胃有胃的流程，肺有肺的流程，小肠有小肠流程，盲肠还有盲肠流程，但是最重要的流程是排便。外科手术之后医生会问患者放屁没有，放屁了就贯通了。所以要抓主干流程，不要抓住次要流程不放，本末倒置。次要流程即便暂时缺失，也可以用行政文件来规范运作，主干流程一定要简洁明快。主干流程快速通畅就能保证公司运作基本顺畅高效。

3.6 乱中求治，治中求乱

公司组织的矩阵结构，是一个不断适应战略和环境变化，从原有的平衡到不平衡，再到新的平衡的动态演进过程。不打破原有的平衡，治中求乱，就不能抓住机会，快速发展；不建立新的平衡，乱中求治，就会给公

司组织运作造成长期的不确定性，削弱责任建立的基础。

只有在不断地打破平衡，导向平衡，再打破平衡的循环过程中，华为公司才会整体向前迈进一大步。

3.6.1 公司管理结构就是耗散结构

什么是耗散结构？你每天去跑步锻炼身体，就是耗散结构。因为身体的能量多了，把它消耗掉，就会变成肌肉，血液循环就顺畅了。能量消耗掉了，糖尿病也不会有了，肥胖病也不会有了，身材也苗条了、漂亮了，这就是最简单的耗散结构。

华为公司长期推行的管理结构就是一个耗散结构。有能量一定要把它耗散掉，通过耗散，使华为获得新生。如果华为员工都非常忠于华为，其实是公司付的钱太多了，不一定能持续。要让这种对企业的热爱在工作中耗散，通过用奋斗者和流程优化来巩固。奋斗者是先付出后得到，与先得到再忠诚是有一定的区别的，这样公司就能进步一点。只有让潜在的能量耗散，才能形成新的势能。因此，公司总是在稳定与不稳定、平衡与不平衡中交替进行这种变革，从而保持活力。一个人吃了太多牛肉，不去跑步，就会成为大胖子。如果吃了很多牛肉，去跑步，就会成为刘翔。都是吃了牛肉，耗散和不耗散是有区别的。因此，华为公司一定要长期坚持这种管理结构。

耗散结构是一个远离平衡的开放系统，通过不断与外界进行物质和能量交换，在耗散过程中产生负熵流，从原来的无序状态转变为有序状态。华为公司要想长期保持活力，就必须建立耗散结构，对外开放吸收能力，对内激发组织活力，不断推动华为健康发展。

3.6.2 精细化管理的目的，是为了让扩张不陷入混乱

1998年以前，华为公司一直在高速发展，几乎每年的销售额都在成

倍增长。2001年开始向海外市场扩张。在扩张过程中，如果内部没有及时解决好建设问题，内忧外患之下，公司就很危险，有可能崩溃。因为公司那时理顺了内部管理，并引进业界先进管理实践，建立起了良好的管理体系，才顶住了外部压力，获得了进入欧洲市场的门票。

扩张必须踩在坚实的基础上。如果没有坚实的基础，擅自扩张，那无异于自杀，还不如不扩张。试想，如果华为产品既不可靠，也不优良，仅仅是广告和说明书写得好，一下子撒出去一大批产品，那会是什么结局？如果没有良好的售后服务体系保障，华为面对的又将会是一种什么样的局面？如果制造体系不是精益求精，扎扎实实寻求产品的高质量和工艺的先进性，那么华为产品在使用中又会有什么问题？如果公司的服务系统不计成本地扩张，华为将会走向死亡。这些假设的问题都是要去解决的。华为要造就坚实的发展基础，这要靠华为全体员工共同努力来推动公司管理的全面进步。

华为从1998年起一直引进和学习世界领先的管理体系，从产品研发、供应链、财经到销售服务体系不断进行变革，其目的就是要建立与公司发展相适应的管理体系。在发展过程中抓精细化管理，就是乱中求治。精细化管理的目的，是为了让扩张不陷入混乱，变得有序、高效，而并非紧闭城门。扩张和精细化管理并不矛盾，要把两者有效结合起来。正是因为在发展过程中狠抓了管理，公司管理不断进步，华为才有今天的地位。

3.6.3 打破平衡继续扩张

从哲学上来说，任何平衡的东西都会被打破，这样，新的生命才能诞生。就像人都要死，但会留下新生的后代一样，这就是平衡被打破。在公司前进的过程中，旧的平衡被破坏，会建立新的平衡，公司就能上一个新的台阶。

生命的动力就是差异，没有差异就没有生命力。世界上如果没有电位差就没有电力，没有水位差就没有水力，没有温差就没有风，没有风，地球也就不会有生命。正是内部的差异性，才能激发员工努力去消除差异，内部的不平衡才是组织优化自身的动力。

治中求乱，就是打破平衡继续扩张。只强调精细化管理，公司是会萎缩的。精细化管理不等于不要扩张，面对竞争，还是要敢于竞争，敢于胜利。只有敢于胜利，才会善于胜利。浑水摸鱼，只有强者才能摸到鱼。占有市场不是绘画绣花，不能只有精细化管理，一定要有清晰的进取目标，要抓得住市场的主要矛盾与矛盾的主要方面。拿下关键客户要有策略，要有策划，撕开城墙口子时，比的就是领导者的正确决策、有效策划以及在关键时刻的坚强意志，还有坚定的决心和持久的毅力，以及领导人的自我牺牲精神。

数据是打出来的，绝对不是做出来的。一线一定要将主要精力放在分析市场、关注客户上。就像李云龙一样，哗啦哗啦打完以后，是实实在在的数据。担负主攻任务的部门，一定要有清晰的目标方向，以及保证成功的策略。

前20年，华为公司内部摆不平的问题基本摆平了，走向了一个平衡状态，形成了公司的大平台和总体机制，十多万人滚滚向前，还能团结成一个整体，这应该与公司过去平衡导向的体系建设有很大关系。在华为度过了饥饿阶段走向温饱阶段的时候，如果继续实行长期的平衡政策，就会平衡出一堆懒人，导致惰怠，也会使华为领先进入无人区后不愿冒险，不思进取，没有继续奋斗的动力。所以未来20年，华为的人力资源政策就是要打破平衡，激发华为人的潜力，激发组织活力，使华为从不可能走向可能。

小资料：熵

熵在物理学上指热能除以温度所得的商，代表热量转化为功的程度。它由鲁道夫·克劳修斯提出，并应用在热力学中。

熵定律是热力学第二定律，其核心就是不可逆性。这种不可逆性是指，无论何种初始条件的系统，都将随着熵的增大，状态越来越混乱，有序性减弱，无序性增强。系统的这种状态，我们称为熵增原理。在相对封闭的组织运动过程中，总呈现出有效能量逐渐减少，无效能量不断增加的不可逆过程，这也就是组织结构中的管理效率递减规律。有学者认为"熵"是指任何一种管理的组织、流程、制度、政策、方法等，在相对封闭的组织运作过程中，也会出现管理效率递减规律。

任正非说，热力学认为不开放就要死亡，因为封闭系统内部的热量一定从高温传到低温，水一定从高处流到低处，如果这个系统封闭起来，没有任何外在力量，就不可能重新产生温差，也没有风。第二，水流到低处不能再回流，那会导致零降雨量，那么这个世界将全部是超级沙漠，最后就会死亡，这就是热力学提到的"熵死"。社会也是一样，需要开放，需要加强能量的交换，吸收外来的优秀要素，推动内部的改革开放，增强势能。我们要不断激活我们的队伍，防止"熵死"。我们决不允许出现组织"黑洞"，这个黑洞就是惰怠，不能让它吞噬了我们的光和热，吞噬了活力。

第 4 章
客户满意是衡量一切工作的准绳

客户满意是客户在其需求被超出期望满足时的心理感受。客户满意直接影响客户对华为的信任和忠诚，影响客户是否持续购买华为产品和服务。客户满意是企业生存的基础，也是企业永恒追求的目标，只有客户满意，华为才有未来。

影响客户满意的因素很多，包括产品的功能性能、质量、供应与交付、服务与支持、成本与价格、接触华为人的感受、品牌，等等。客户与华为做生意的一切过程体验和结果以及对华为的认知都将影响客户满意。

客户的利益所在，就是华为生存与发展最根本的利益所在。客户满意是衡量华为一切工作和行为的准绳，客户满意度是衡量华为是否做到了以客户为中心的重要指标之一。

4.1 客户满意是企业生存的基础

办企业一定要使客户满意，这是生存基础；也要使股东满意，这是投资的目的；同时，也要使贡献者满意，绝不让"雷锋"吃亏，这是华为持续发展的推动力。

客户满意直接影响客户对华为的信任和忠诚，只有坚持以客户为中心，不断提高客户满意度，华为才能在激烈竞争的市场中生存下去。只有客户满意，他们才会不断地给华为合同，持续购买华为的产品和服务，华为公司才能产生生存必需的利润。

赚了客户的钱，无论多辛苦，也要把客户的事情做好，客户是永远存在的，让客户满意，华为才有明天。

4.2 以客户价值观为导向，不断提高客户满意度

必须坚持以客户价值观为导向，不断提高客户满意度。如果能实现客户100%的满意，就没有了竞争对手，当然这是永远不可能的。企业唯一可以做到的，就是不断提高客户满意度。

提升客户满意度是十分复杂的，要针对不同的客户需求，提供实现其业务需要的解决方案，然后根据这种解决方案，开发出满足客户需求的优质产品并提供良好的服务。只有客户的价值观，通过华为提供的高质量、高增值、有市场竞争力的解决方案才得以实现，只有客户满意，客户才会源源不断地购买华为产品。因此华为必须不断改进管理和服务，保持技术持续领先，同时以客户的价值观为导向，强化客户服务，持续不断地提升客户满意度。

只要华为公司时时刻刻坚持把保障客户利益作为最高的准则，又善于自我批判，改正自己存在的问题，那么客户满意度就会大大地提高，尽管不可能提高到100%，但不断提高客户满意度，超过竞争对手，是华为孜孜不倦追求的目标。

4.3 公司的一切行为都以客户的满意程度作为评价依据

华为以客户满意程度来衡量是否做到了以客户为中心。什么叫客户满意？客户把所有该给华为的钱都付了，还满意，就是真正的满意。如果说客户不付钱也不付利息就满意，一收款客户就不满意，就投诉，说华为不应该，这种客户满意不是华为所希望的客户满意。华为所要的客户满意，应该是与客户做生意，华为按合同及时、准确、优质地完成了自己的事情，客户把该付的钱付了，在这种情况下，客户认为华为很好，对华为满意，这种客户满意是华为想要的。

要想让客户满意，并维持良好的客户关系，没有别的诀窍，只有一个，那就是坚持优质服务。华为只有靠优质服务才能活下去。

公司的一切行为都以客户的满意程度作为评价依据。必须坚持以客户的价值观为导向，客户的价值观是通过统计、归纳、分析得出的，并通过与客户交流得出确认结果，作为华为公司努力的方向。要通过每年的第三方客户满意度调查结果，找到各业务、各部门不断努力改进，从而提升客户满意度的方向。

要以提高客户满意度为目标，建立以责任结果为导向的价值评价体系。企业是功利性组织，华为必须拿出让客户满意的产品和服务。因此整个华为公司的价值评价体系，包括对中高级干部的评价，都要考核客户满意度。

总之，要以为客户提供有效服务作为华为公司工作的方向，并以此确定华为的组织、流程、干部的发展方向。以服务客户的工作成绩作为价值评价的标尺，成就客户就是成就华为自己。

本篇小结

本篇阐述了华为公司以客户为中心的核心价值观，即华为对客户与华为关系的根本看法和价值主张，并提出了以客户为中心的发展理念和管理原则，围绕为什么要以客户为中心，什么是以客户为中心，如何实现以客户为中心以及如何衡量以客户为中心展开论述。在华为，以客户为中心不仅仅是口号。

1. 华为以客户为中心的逻辑

```
         公司的最低纲领：活下去
         公司的奋斗目标：商业成功
                  ↓
   为客户服务是华为存在的唯一理由——生存的基础
   客户需求是华为发展的原动力——持续发展的基础
                  ↓
```

| 流程：从客户中来，到客户中去，端到端为客户提供服务 | 组织：以服务客户定组织和队伍建设的宗旨，成就客户的成功，从而成就公司成功 | 文化：以客户为中心，以奋斗者为本，长期艰苦奋斗 |

2. 华为的价值主张

华为的客户观
- 客户是企业之魂
- 要谦虚地对待客户
- 重视普遍客户关系，构筑战略伙伴关系

客户的要求
- 成为伙伴：与客户共同成长，帮助客户发展，提高收入，降低TCO，获得商业成功

客户期望上升

- 成为供应商：为客户提供及时、准确、优质、低成本的服务

华为如何服务客户
- 流程：从客户中来，到客户中去，端到端为客户服务
- 组织与资源：以客户为中心建设组织、配置资源

3. 华为的发展理念

1. **发展是硬道理**
   与客户共同成长

2. **深淘滩，低作堰**
   聚焦客户的挑战与压力，提升客户的竞争力

3. **从上游到下游产业链的整体强健**
   集成端到端为客户服务的能力

4. **建立有利于公司发展的良好生态**
   构建为客户服务的良好外部环境

5. **抓主要矛盾和矛盾的主要方面**
   客户价值最大化

6. **乱中求治，治中求乱**
   均衡客户业务发展和客户的价值保障

本篇小结

4. 客户满意是衡量一切工作的准绳

- 针对不同客户需求，提供实现其业务需要的解决方案
- 围绕解决方案开发优质产品并提供良好服务
- 以客户价值观为导向，正视问题，改进不足

管理和服务不断改进

客户利益所在，是企业生存发展根本利益所在

价值评价体系以提高客户满意度为目标

- 客户满意是企业生存的基础，一切行为以客户满意度为评价依据
- 建立以责任结果为导向的价值评价体系，以为客户提供有效服务作为价值评价的标尺

研讨主题清单

第一部分：理解以客户为中心

专题 1：为什么要以客户为中心？

- 华为为什么要以客户为中心？
- 华为正逐步成为行业领导者，为什么现阶段要特别强调以客户为中心？
- 是不是所有的企业都要以客户为中心？一些西方公司更看重股东利益，也获得了持续的商业成功，如何看待这个问题？

专题 2：以客户为中心的含义是什么？

- 以客户为中心的含义是什么？以客户为中心与以生存为底线、以自我为中心、长官导向、以 KPI（关键绩效指标）为中心之间是什么关系？
- 以领导为中心的根本原因是什么？

专题 3：如何理解"深淘滩，低作堰"？

- 华为为什么要"深淘滩，低作堰"？"滩"和"堰"的含义是什么？
- 公司要从市场和竞争定价转向基于价值定价，怎么理解"低作堰"和价值定价的关系？
- "深淘滩，低作堰"要警惕哪些误区？
- "深淘滩，低作堰"适用于华为所有组织、所有业务吗？

第二部分：践行以客户为中心

专题1：如何看待以下现象？这些做法是否践行了以客户为中心？为什么？请举例说明。

- 投标时过度承诺
- 为了拿单而隐瞒网上问题
- 对老客户以高商务价格获得利润，对新客户以低商务价格进入
- 拒绝客户提出的合同以外的需求，导致客户不满意
- 为保证优质资源向优质客户倾斜，放弃历史上对华为有贡献但未来增长乏力的客户

专题2：考核、竞争与以客户为中心

- 请用具体案例说明，当以客户为中心的理念与考核的具体要求相冲突，或当期考核与长期战略投入发生矛盾时，该怎么办？
- 怎么理解"挖坑""填坑"问题？为什么会屡屡出现这样的问题？如何才能有效防止？
- 实际工作中，是否存在因为竞争而影响客户利益的情形？如果存在，你怎么看？如果客户选择了战略竞争对手，还要不要以客户为中心？为什么？

专题3：不直接面对客户的支撑部门，如何践行以客户为中心？

第二篇

产品发展的路标是客户需求导向

企业的根本任务就是求生存和谋发展。要发展，最重要的就是把握发展方向，不能出现重大失误，否则将给公司带来灾难。什么是指引华为公司前进的灯塔？在探索未来的过程中，什么能引领华为公司保持正确航向，不会迷航？唯一的答案就是客户需求。客户需求是企业发展之魂。

一个公司的发展是客户需求导向还是技术导向，是两种不同的发展观。华为公司认为，技术只是实现客户需求的手段和工具，满足客户需求才是目的，客户需求是华为发展的原动力。技术不管如何先进，最终还是要体现在满足客户现在或未来的需求上，体现在为客户不断创造价值上。华为公司只要能不断满足客户需求，就能长期生存和发展下去。因此华为公司的宏观商业模式就是产品发展的路标是客户需求导向，一切业务目标都指向充分满足客户需求以增强企业核心竞争力。客户需求和技术创新应该是双轮驱动的：以客户需求驱动产品和解决方案创新，以技术促进和引领产业的发展，最终推动公司不断进步。

华为公司是一个商业组织，既要坚持产品技术"领先半步"，也不放弃对未来的探索。对前沿科学技术的研究，随着公司进入无人区，逐渐处于领先地位，华为还要加大研究占研发经费的比重。

以客户需求为导向，首先要深刻洞察和理解客户需求，并以此来指导华为进入新产业、新领域，服务价值客户。华为发展业务总的指导方针是开放合作，掌握核心技术，围绕客户需求不断创新；抓住市场机会，以自己的独特优势进入新领域；聚焦主航道，有所为有所不为，坚持压强原则，力出一孔；每年保持并不断提高研发投入比例，通过不断突破来巩固和延长华为的先进性和独立性。最终目的是以一定利润率水平保持合理的成长速度，使公司持续稳定、长期有效地增长。

第 5 章
以客户需求为导向

> 企业发展之魂是客户需求，我们一定要真正明白客户需求导向，在客户需求导向上坚定不移。我们要真正认识到客户需求导向是一个企业生存发展的一条非常正确的道路。需求就是命令，我们一定要重视客户需求。
>
> ——任正非

5.1 客户需求导向是企业生存发展的正确道路

一个企业要活下去，靠的是为客户提供满足其所需的产品和服务，从而获得合理的回报。华为的生存和发展只能靠满足客户需求，为客户创造价值。要深刻认识客户需求导向这个真理。

创业初期，华为是十分重视客户需求的。当时，客户要什么就赶快做什么，这帮助华为产品实现了从农村走向城市。但随着万门程控交换机 C&C08 的成功，华为在光传输、智能网、接入产品等领域相继取得市场成功，不断发展壮大，研发就有了技术情结和自满情绪，听不进客户意见，想把自己的意志强加给客户。华为曾用 iNET 应对软交换的潮流，结果中国电信选择设备供应商做试验时将华为排除在外；NGN（下一代网络）曾以自己的技术路标反复说服运营商，听不进运营商的需求，最后导致华为在中国电信选型中被淘汰出局，连一次试验机会都不给。后来经过努力，纠正了错误，才勉强获得一些机会。不以客户需求为驱动开发的一些产品有些被淘汰出局，有些走了弯路，华为付出了不少代价。

现代科学技术发展日新月异，而人类的需求随生理和心理进步缓慢。新技术的超前与突破，有时不一定会带来很好的商机。像崇拜宗教一样一味崇拜技术，导致了很多公司的破产。无线电通信是马可尼发明的，光传输是朗讯发明的。历史上很多技术，始作俑者往往最后变成了失败者。任何先进技术当然是人类社会的瑰宝，但如果不能实现商业变现，对企业是没有商业价值的。

自身的经验和业界其他公司的教训使华为真正认识到，商业组织不能以技术为导向。客户需求导向才是企业生存发展的正确道路。

2000年以前，华为有比较严重的以技术为中心倾向，公司进行IPD变革的目的之一，就是要改变研发重技术，不重视客户需求，不重视产品质量和客户满意的倾向。IPD以市场和客户需求作为产品开发的驱动力，把研发作为商业投资来管理,所有开发项目的立项和产品需求都来自客户。通过多年的IPD推行，华为实现了从技术导向向客户需求导向的意识转变和行为转变，使产品在走向海外，在直面激烈的国际竞争的过程中满足了客户需求，抓住了客户，赢得了市场。客户需求是华为发展的原动力，质量好、服务好、运作成本低、优先满足客户需求，现已成为华为的企业文化。

当前，华为逐渐走在了领先的路上，前面已没有领路人，要前进只能靠华为自己。领路人就像高尔基塑造的人物"丹柯"一样，掏出自己的心，用火点燃，为后人照亮前进的路。华为也要像丹柯一样，引领通信领域前进的路。这是一个探索的过程，在这个过程中，因为未来尚不清晰，风险重重，可能会付出极大的代价。但华为肯定可以找到方向，找到照亮这个世界的路，这条路就是"以客户为中心"。

以客户需求为导向，并不是否定技术对提升产品竞争力、更好地满足客户需求的价值和作用。高科技企业没有先进技术不行，没有掌握核心技术更走不远。技术是实现客户需求的重要手段和工具，也是华为的核心竞争力。拥有先进技术的产品和解决方案能以更多的功能、更好的性能、更低的成本、更好的体验去更好地满足客户需求，甚至能创造、激发和引领客户长远、潜在的需求，提升产品竞争力和客户满意度，引领产业发展方向。华为不能排斥技术的促进作用，而且，随着社会的发展，技术和对未来的研究探索对华为越来越重要。2011年，华为就明确提出了双轮驱动战略：以满足客户需求的创新和积极响应世界科学技术进步的不懈探索这两个轮子，来推动公司的进步。华为现在逐年加大了对未来技术的研究占研发的投入比重，以实现理论和基础技术的突破，拥有更多原创技术发明，支撑未来30年的发展。

华为30多年的发展，是从技术导向到客户需求导向，从客户需求驱动到客户需求和技术双轮驱动的发展过程，也是对二者关系的理解不断加深的过程。只要在大方向上坚持客户需求导向，华为的发展就能走在正确的道路上。客户需求是引领华为在茫茫大海中航行的灯塔，有了它，就不会迷航。

5.2 不能以技术为导向，要以客户需求为导向

对华为这样的高科技企业来说，客户需求和技术都十分重要，华为必

须要认识和梳理清楚二者的关系。

5.2.1 产品路标不是自己画的，而是来自于客户

产品路标也叫产品路线图，是某一产品系列或版本规格和特性的开发节奏和里程碑计划，产品路标不是自己画的，而是来自客户。

大家知道，波音公司在 777 客机的研发上是成功的。当时，波音在设计 777 时，不是自己先去设计一架飞机，而是把各大航空公司的采购主管纳入 PDT（产品开发团队），由各采购主管讨论下一代飞机应该是怎样的，有什么需求，多少个座位，有什么设置，然后把他们的所有思想都体现在设计中。这就是客户需求导向制定产品路标。很多知识、智慧在客户手中，不能关起门来搞研发，要多与客户打交道，乐于听取客户意见，理解客户真正的需求。客户骂你的地方就是客户最厉害的地方，客户的困难往往就是需求。

客户是购买产品的一方，企业是实现客户需求的一方，对运营商客户和企业客户来说，不管是在产品规划、开发还是技术选型上，都要与客户战略和年度规划对标，认真听取和遵从客户的意见，搞清客户的诉求。华为进行 NGN 开发和技术选型时，听不进运营商的意见，想以自己的技术路标去说服运营商，最后在中国电信选型中被淘汰出局，后来付出了更多的时间、更多的优质资源，争分夺秒才追赶上来。因此，产品路标的源头来自客户。

华为公司发展到 2000 年，技术驱动公司前进的速度开始减慢，响应客户需求开始加快，这也是合乎企业发展规律的。华为通过实施 IPD 变革，紧紧抓住、抓准客户需求，优化投资组合，在产品规划和开发上以客户需求牵引，做正确的事，减少了错误，缩短了开发周期，先发制人，在多个产品，多个国家赢得了客户，扩大了市场。因此客户需求就是金钱，产品的路标来自客户需求。

当前，随着技术的快速发展，ICT 行业面临更大的竞争、压力和挑战，

客户需要的已不再只是产品和技术，而是能给他们带来商业成功的解决方案。谁能满足客户需求、成就客户，谁就能赢得客户，赢得未来。

5.2.2 技术是实现客户需求的手段和工具，不能摆在最高的位置

对企业来说，满足客户需求才是目的，技术只是实现客户需求的一个重要手段和工具。技术是指人类为了满足自身的需求和愿望，遵循自然规律，在长期利用和改造自然的过程中，创造、发展和积累起来的知识、经验、技巧和手段。任何先进的技术，只有转化为满足客户需求的产品和解决方案，才有商业价值。先进的技术如果不能成为实现客户需求的手段，不能体现在为客户提供的产品上，或做不出来，不能变成金钱，也许对人类社会有用，但对企业是没有价值的。因此，对企业来讲，最重要的不是技术有多先进，而是要充分满足客户需求。

客户需求是由多种环节、多种技术组成的，看似简单的小产品并不是每个人都能做出来的，从这个角度讲，技术很重要。但是，不能像崇拜宗教一样崇拜技术，有人会为宗教视死如归，对待技术不能有这样的想法。

1996年前后，华为在卖产品的时候进行了大量的宣传，七八个月后，当盐碱地洗得差不多时，竞争对手的产品也出来了。竞争对手说他们的产品与华为的一样，价格还便宜10%。这10%就是华为超前铺路的钱。这说明，技术过分领先并未给华为带来效益，带来的是为人们铺路，去洗盐碱地。网络社会的技术传播速度加快，新技术不断涌现，如果新技术没有转化为满足客户需求的产品，在你花大力气做了宣传之后，反而让别人得了好处，对企业来说就是投资损失。所以，企业不能把技术领先摆在最高的位置，而要关注客户需求。

5.2.3 产品的发展反对技术导向

华为公司是由大量高学历人才组成的技术公司，研发体系的大多数人

都是工程师，产品开发人员有非常严重的技术情结，认为把技术做好才能体现自己的价值。不愿意做客户需求量大、简单的、没有技术难度的东西，做成了也没有成就感，导致早期产品开发中最大的问题是简单的功能做不好，而在客户不怎么用但技术上很尖端的东西上耗费了很大的精力和成本做到最好，结果客户不满意。这就是技术导向，不是客户需求导向，要坚决反对。客户需要的是实现同样目的的功能或服务，越简单越好。

在牛顿的时代，一个科学家可以把人们能注意到的所有自然现象都解释清楚，一项新技术的出现就会带来商机。当今社会，由于互联网及芯片的发明，人的等效当量大脑容量成千倍地增长。这样的大脑一起运作，产生的新技术、新知识和新文化大大超越了人类的真实需求。现在新技术的突破，有时只能作为一个参考，不一定会带来很好的商机。只有卖得出去的东西，或略微领先市场的产品，才是客户真正的技术需求。

华为的研发在过去很长一段时间内是以技术为导向的，研发系统有相当多的人"孤芳自赏"，做了一个产品，就对客户说多好多好，你一定要用，但最后又以多次失败告终。因此，华为在产品研发上反对技术导向，不一味地追求技术领先。客户是华为的衣食父母，只有为客户提供产品和服务，客户才会给华为钱，华为才能活下去，也才有继续为客户提供更好的产品和服务的机会。因此，技术应当是充分满足客户需求的工具。

崇高是崇高者的墓志铭。超前太多的技术，当然是人类的瑰宝，但往往是以牺牲自己来完成的。华为产品的发展反对技术导向。

5.2.4 要做工程商人

华为是一个商业组织，其首要目的是获得商业利益，取得商业成功。从 1997 年起，华为就提倡做工程商人，即做的东西有人买，有钱赚。华为公司本质上不是要培养教授和学者，而是要培养一批工程师，培养一批对商品和客户需求有洞察能力和深刻认识的商人。片面地追求新颖性，片面地追求超前，就不可能成长为真正成功的工程商人。

科学家可以什么都不管，一辈子只研究蜘蛛腿上的一根毛。但是对华为公司来说，不能光研究蜘蛛腿，还要研究客户需求。华为不反对科学家有更高的目标，但他的探索也要沿途"下蛋"，催生各类产品，以及促进产品生产水平的提高。华为的科学家要为成就公司的愿景和战略而奋斗，而不是公司为成就科学家的梦想而分散投入力量。

不能为了做基础研究而做基础研究，一些业界公司进行了大量的基础研究但并没有保证它们成功。因此要认识到，基础研究哪些应该在大学里做，哪些应该在国家研究部门做，哪些应该华为自己做，要分析清楚。不能盲目地认为华为只要培养几个诺贝尔奖的获得者或者几个院士级别的科学家，就有多光荣。商业和学术还是有一定区别的。华为要做工程商人，不搞纯学术的基础理论研究。

华为也不会进行与公司战略方向无关的基础研究，但是会支持教授、学者进行相关领域的基础研究。为什么？如果你做出了世界上最先进的电子显微镜，怎么办？不用吧，觉得挺可惜的，以前的投资就浪费了，你这个世界上水平最高的科学家也浪费了。用吧，又不是公司的方向。那华为做什么？华为做的就是，紧紧围绕公司的发展方向，资助和管理这些基础研究，高校的合作项目也不要老想拿来就用，还是要撒些"胡椒面"，但要是方向性的投资。公开的博士、教授的论文，公司的开发人员应作参考，说不定就对哪位年轻人有大的帮助，用到华为的产品开发上，做出了好产品。十多年前，土耳其的阿里坎教授发表了一篇数学论文，华为在发现这篇论文后，组织了几千名专家、科学家和工程师扑上去解析和开发，这使得华为在5G领域又领先了世界。因此，对合作要有远见和战略眼光。要关注高校中的年轻学者，给他们提供资助，10年后，当他们成长起来，华为已经与他们建立了很好的合作伙伴关系。和他们合作，华为不要名，要的是商业利益。

华为公司不追求名誉，华为要的是实在。研发对待成熟产品、常规产品要有正确的心态，不要老想着搞最先进的设备，研发最新的技术。我们不是要做院士，而是要做工程商人。公司的博士也要改变思维方式，要走商业道路。

华为要的技术不是理论，不只是功能，而是包括工艺、材料、多种科学在内的综合技术。华为需要能做类似日本数码相机这种"小盒子"的工程商人，而不是仅仅能做出功能的科学家。

要改变研发的评价导向，让那些能把功能简简单单做好的工程商人得到认可，才能促使以客户为中心的思想在研发中生根、成长。

很多西方公司认为，最重要的是管理而不是技术，但在我们国家，很多人认为最重要的是技术。在国内，重技术轻管理、重技术轻客户需求的倾向还是比较普遍的，但主宰世界的是客户需求。所以要改变思维方式，不仅仅做工程师，而要做工程商人，多一些商人味道。

5.3 以客户需求和技术双轮驱动构建未来

过去30多年，华为产品与解决方案的发展一直是由客户需求和技术创新驱动的。一个是以客户需求为驱动力，围绕客户需求提供产品和解决方案，以客户需求牵引产品和解决方案路标；一个是以技术为驱动力，技术的不断升级带来更多的功能、更好的性能、更低的成本、更好的体验，从而驱动产业的不断发展。即便是技术驱动的这只轮子，也要用需求来验证和评判其价值，要通过实现需求来体现其价值。这两个驱动力相辅相成，缺一不可。满足客户需求是目的、是龙头，技术是手段、是工具，技术是通过产品和解决方案为客户服务的。因此华为一直强调要以客户为中心，不断围绕客户需求进行产品和解决方案创新，为客户创造价值。

创业初期，华为是非常重视客户需求的，但是随着企业的发展，出现了以技术为中心的倾向，故华为在很长一段时间内，强调要以客户为中心，要做工程商人。但是，也不能强调以客户为中心多了后，就从一个极端走到另一个极端，忽略技术的价值。特别是华为现在逐渐领先，进入无人区，没人领路了，技术对公司保持领先和产品竞争力越来越重要。过去华为主要靠满足客户需求赢得市场，未来要靠满足、创造和引领客户需求来占领市场，赢得未来。因此华为公司发展的大方向仍然是坚持客户需求导向，这点不容置疑。但要保持领先，取得竞争优势，成为行业领导者，需要依靠技术，必须保证公司技术创新与研究的合理费用投入。客户需求驱动和技术驱动是相辅相成的：一个是以客户需求为导向来做产品，一个是以技术创新，来做未来架构性的平台和关键技术。

华为进入无人区，如果不做基础研究，对未来就没有感知，没有感知就做不到领先，甚至可能被颠覆。无人区没有人领路了，华为只能自己探索，寻找正确的方向。一个基础理论变成大产业要下几十年的功夫，一项科技成果要实现商业变现也需要时间。所以，面向未来华为不仅要围绕客户需求开发合适的产品与服务，而且要加大对未来技术的研究和投入，加强平台核心投入，要敢于冒险，占领战略的制高点。要从引进电子技术人才转向引进一部分基础理论和相关学科的人才，加大对前沿科学技术的研究，构建未来 10～20 年的理论基础，打破制约 ICT 发展的理论和基础技术瓶颈，实现理论突破，拥有更多原创技术发明。

在科学家勇攀科学珠穆朗玛峰的过程中，要把为实现理想而努力研究与华为的梦想结合起来，获得发明创造的动力，同时也要思考如何把希望变成现实,如何把技术上的理想主义和客户需求的现实主义结合起来,从而满足客户不同时期的需求。要在追求理想的道路上,不断把孵化的先进技术应用到各个领域,应用到现实的产品与解决方案中,在勇攀珠穆朗玛峰的征途中"沿途下蛋",传播思想、激发灵感,为公司创造商业价值。要以找到商业需求和技术价值两个曲线叠加的最大值作为战略目标,将研究的攻坚克难和稳定的粮食收获结合起来。

总之,华为要以工程师加科学家的创新与研究构建未来,实现从不可能走向可能,支撑公司长久不衰。

5.4 客户需求导向对战略选择的价值

坚持客户需求导向,能指导华为正确地选择行业、市场和客户,也能指导解决方案、产品和技术的选择。

5.4.1 行业选择

华为选择新的成长领域,应当有利于提升公司的核心技术水平,有利于发挥公司资源的综合优势,有利于带动公司的整体成长。只有看准了时机并有了新的构想,确信能够在该领域中为客户做出与众不同的贡献时,华为才会进入新市场的相关领域。

华为未来要发展的多元化产业,将主要聚焦在电子信息相关领域,优先选择能够发挥华为的研发实力和全球销售网络优势,以及技术门槛高、市场规模大、市场运作规范的产业。

在公司整体业务架构设计方面，以客户为导向，不以技术为导向。总体原则是以一大类客户（最终客户，不是签约客户）为中心，以客户需求为导向，提供产品和解决方案，围绕最终客户来考虑做什么、怎么做、如何持续发展。

华为发展任何一个新产业，最基本的底线就是，在中国市场能够养活自己，能够有利润。中国市场是大市场，有些业务也许就在中国市场做，才是最好的商业模式。

2011 年，华为三亚会议确定发展终端产业，华为的客户从运营商逐渐发展到包括最终消费者，另外，基于多年的通信技术优势和积累，华为从 CT（通信技术）产业向 ICT 产业发展，终端是华为"端管云"战略中最重要的环节。随着互联网和物联网的发展，终端在未来的网络中越来越重要，最终消费者通过终端体会网络快捷，软件也必须要通过终端才能和人实现共享，为消费者提供服务。要实现华为构建万物互联的智能世界的战略，客户看得见、摸得着、体验得到的是终端，市场非常大，因此终端对华为有很重要的战略地位。

未来 ICT 产业的发展，尤其是智能终端的发展，有一个趋势是清晰的，就是产业价值在向内容和互联网应用和服务转移，谁拥有内容，谁能够提供互联网应用和服务，谁就能在未来的 ICT 产业发展进程中掌握主动权。

5.4.2　市场、客户选择

华为是一个能力和资源有限的公司，因此只能重点选择对自己有价值的客户为战略伙伴，重点满足客户一部分有价值的需求，在市场布局上聚焦价值客户与价值国家。价值客户不仅指规模大的客户，成长快的也是价值客户。每个国家都要有数一数二的运营商作为价值客户。只有进入这些运营商和大企业客户，才能获得未来的增长空间，也才能得到这个国家的认可。电信设备不能进入这些运营商，就枉谈成为了世界主流电信设备供应商。

选择了价值客户，就要把优质资源向优质客户倾斜。要把力量聚焦在高价值领域，帮助这些客户赢得市场。市场是由最终客户（消费者）决定的，只要把这件事情做好，这些客户市场抢占得多，赚的钱多，也会多买华为的产品，华为就成功了。因此，未来华为要有主动选择客户的权力。华为不能去敲诈勒索客户，但有这么多客户需求，华为资源有限，也不可能全都服务，要有选择。

价值客户、价值国家、主流产品的格局是实现持续增长的最重要的因素。要做到优质资源向优质客户倾斜，必须对市场和客户进行优先级排序。公司各产品线、各地区部要按照优先级合理调配人力资源，一方面，要把资源优先配置到价值客户、价值国家和主流产品上；另一方面，对于明显增长乏力的产品和区域，要把资源调整到价值客户、价值国家和主流产品上。要改变价值客户、价值国家和主流产品的竞争格局，以支持公司的持续增长。

对市场的排序必须坚持现实主义的原则和工作方法，要学会田忌赛马，把我司的战略优势和已获机会作为排序的原则，不要按全球市场的理想规模来排序，要按现实可行性来配置资源。但这并不表示华为放弃那些市场空间，也要去争取潜在机会。

在打开市场的过程中，每个地区、国家只有先打开一个数一数二的运营商或大企业的大门并做好交付，形势才可能豁然开朗。销售服务体系要针对如何打进这些运营商和大企业，如何得到客户承认，做出示范案例。

5.4.3 解决方案、产品与技术选择

解决方案的定位是面向客户，而不是面向技术，要围绕客户来提供满足其需求的解决方案，即提供帮助客户实现商业成功的解决方案。

客户价值观的演变趋势引导着华为的产品方向。产品的生命周期越来越短，要满足客户的需求，该怎样取舍？一定要站在客户的角度，而不是强行让客户接受；要跳出功能部门的利益，去思考产品组合和产品策略，也要跳出研发这个圈子来做解决方案。要帮助华为的运营商客户，在用户数增长和财务数据进步方面大大超过其竞争对手。客户一旦决定了，就要快速响应，不能为眼前而活，否则华为就没有未来。

客户已越来越多地从买设备转向了关注解决方案。要满足客户需求，并跟上行业潮流，公司就必须从电信产品供应商转向电信端到端解决方案供应商，这是华为面临的一个很大的挑战和变革。这项转型工作要按照公司级变革项目来开展管理，制订项目计划，每个阶段都要充分组织研讨，要多听取一线的意见，要借鉴行业领先厂商的成熟做法。

过去华为的营销以单产品模式为主，各产品只关心自己，各自为政，都不对综合客户需求负责，客户宣讲千人一面，缺乏针对性。越高层、越广泛的战略合作就越关注解决方案，而不关注具体的产品。要向客户提供有针对性的综合解决方案，要避免各产品割裂地分别做客户工作，面对客户要提供综合完整的解决方案，回来后再讨论内部工作分工和利益分配。

端云协同战略是 2011 年华为三亚会议确立的战略，是为了积极应对行业价值向内容和互联网应用及服务转移的趋势而选择的一种适合华为的发展策略。通过打造一个云平台，整合有价值的互联网应用、服务和内容，为华为的智能终端用户提供服务。在构筑智能终端差异化的同时，还能够让华为智能终端卖出去后在生命周期内继续为华为创造价值。贯彻

落实端云协同战略的关键是，真正以最终客户（消费者）为中心来做智能终端，因为只有以客户（消费者）为中心，才具备谈为华为智能终端用户提供服务的前提，只有华为智能终端用户积累到一定的数量，才具备开展用户经营的基础，才能构建起后向收费的模式，让卖出去的华为智能终端在生命周期内为华为持续创造价值。

第 6 章
深刻理解客户需求

> 要重视客户需求,真正及时地了解客户需求,客户需要什么就做什么。卖得出去的东西,或略微领先市场的产品,才是客户的真正技术需求。
>
> ——任正非

6.1 首先要搞清楚客户是谁和需求是什么

要为客户提供满足其需要的产品和服务,企业首先要搞清楚客户是谁。

华为是做通信产品起家的,最早的客户是运营商,华为为运营商提供通信设备。2003 年华为成立了终端公司,刚开始开发了 100 多款手机,由于是为运营商开发定制手机,只关注运营商的需求,没有关注并去搞清楚最终购买和使用手机的消费者的需求,手机不被消费者喜欢,业务发展缓慢。直到 2011 年三亚会议,华为明确了"终端竞争力的起点和终点,都是源自最终消费者"后,终端公司开始真正从消费者需求出发来做终端产品,特别是智能手机后,华为的终端业务才走上了快速发展道路。

2018 年,华为提出公司的愿景和使命是把数字世界带入每个人、每个家庭、每个组织，构建万物互联的智能世界。华为的客户范围又扩大了。在这种情况下，必须先搞清楚真正购买和使用华为不同产品和解决方案的客户是谁。通信设备的客户是运营商，政企业务的客户是企业、政府及公共事业组织等，智能终端的客户是消费者。渠道商只是华为的销售伙伴之一，不是客户。

搞清楚了客户是谁，才能识别真正的客户需求。那么需求的含义到底是什么？从产品上看，需求特指对产品和解决方案的功能、性能、成本、定价、可服务、可维护、可制造、包装、配件、运营、网络安全、资料等方面的客户要求。客户需求决定了产品的各种要素，决定了产品和解决方案的竞争力，是产品和解决方案规划的源泉，也是客户与公司沟通的重要载体。从技术上看，需求就是问题加解决方案，即每一条需求都是由问题和解决方案两部分构成的。有些需求的提出者是基于问题提的需求，有些需求的提出者不讲问题，提的是解决方案。很多客户尽管提的是一个需求，但事实上他心里想的是要解决的一个问题，只是他不跟你讲，也可能讲不清楚，而往往针对一个具体的问题可能有非常多的解决方案。因此客户提出需求后，最关键的是要搞清楚他到底想解决什么问题，问题是需求的出发点。就需求而言，问题和解决方案是相伴相生的，问题是"为什么"，而解决方案是"怎么做"，只有把问题和解决方案充分澄清，才可能明白客户真正的需求是什么。也只有搞清楚真正的问题，才可能找出正确的解决方案去满足客户需求。

6.1.1　聚焦客户关注的痛点、困难、挑战和压力

运营商是通过投资建设通信网络为消费者、政府和企业等提供网络服务，长期运营获得收入来收回投资的。因此客户最关心投资成本和运营成本，有盈利和竞争的压力，这是客户的核心诉求，谁能为客户解决这

些问题,助力客户成功,谁就能长久地赢得客户。企业客户同样渴望成功,也有类似的问题。

要搞清楚客户需求,首先要站在客户的立场和角度去思考:客户服务的最终客户是谁?其需求是什么?运营商自身的需求只是需求的一部分和一个中间环节,是近距离的客户需求,而最终客户(运营商的客户)的诉求会影响运营商的需求,这也是厘清客户需求的出发点。只有了解客户服务对象的需求,才能真正理解客户背后的痛点和问题,以及他们面临的困难、挑战和压力。只有真正抓住客户的痛点,帮助客户解决问题,才能与客户真正建立起伙伴关系。只有了解客户的问题,才能找准解决方案。只有了解客户的困难、挑战和压力,为其提升竞争力并提供令其满意的产品和服务,客户才能与华为长期合作,共同成长,华为公司才能活得更久。

要搞清楚客户需求,还要理解客户需求是包含不同层次的。对客户需求的理解不应该只是技术层面上的理解,还要理解客户如运营商的运营目标、网络现状、投资预算、市场竞争环境等,这些往往就是网络建设的原动力,基于对这些原动力的理解,才能做出有针对性、有竞争力的方案。把握客户需求的最高层次是帮助客户商业成功,最低层次是满足产品必需的功能,只有把握住了客户需求的不同层次,才能抓住客户的靶心需求。

很多知识、智慧和解决问题的点子可能在客户手中,要多与客户打交道,乐于听取客户意见。客户骂华为的地方往往就是客户最厉害的地方。

6.1.2 客户需求中大多是最简单的功能

客户的基本需求是什么?客户最初的想法是什么?没有对客户的想法进行科学分析归纳就将其变成产品,而对客户的基本需求不予理会,这样做出的产品自然不稳定,不能使客户满意,最终会被客户抛弃。

客户需求中大多是最简单的功能。最基本、最简单的功能是一种产品有别于其他产品的主要标志。比如手机的本质是手持无线电话机，所以其最基本的功能是能随时随地打电话，现在智能手机的基本功能还要加上上网和拍照。如果只能拍照不能打电话和上网，就是照相机了。高级的功能、复杂的功能做得再好，最简单的功能做得不行，不能解决问题，客户也不会满意。那些花里胡哨的功能，也许用户五百年都不会用一次。因此，研发人员一定要转变观念，要搞清楚客户的基本需求是什么，做好规划，先把基本的、主要的使用功能开发好，把客户体验做好，这是最基本的。

这个世界需要的不一定是多么先进的技术，而是真正满足客户需求的产品和服务。

6.1.3 客户需求是变化的，要有对市场的灵敏嗅觉

随着人类社会的发展和科学技术的进步，客户需求是不断变化的。开发的产品要跟随时代和客户需求的变化。过去华为靠不断微创新，满足客户需求，未来华为要成为行业领导者，特别是在消费者业务领域，更关键的是要能创造、激发和引领客户需求。

要关注客户的现实要求，也要关注客户的长远需求。真正理解最终客户的需求变化，帮助运营商和政企客户去适应发展。要比客户看得更远、更深，去洞察客户未来和潜在的需求，把握客户需求的变化规律，结合技术发展趋势，制定正确的产品发展路标，及时推出满足客户需要的产品。

要有对市场的灵敏嗅觉和洞察力，这种嗅觉就是对客户需求的感觉和判断，谁能判断准，及时推出，谁就会抢得先机。这种灵敏的嗅觉能力来自哪里？来自客户，来自对客户需求的长期跟踪、分析、归纳、总结和预判，来自对未来技术实现带来商业机会和价值的敏锐洞察力。华为的

接入网、商业网、接入服务器等概念，都来自与客户的交流，实际上就是客户的发明。

6.1.4　要研究适应客户的各种需求，把握住关键要素

未来从极大容量的高质量传输，到极小容量的低成本的 IP（互联网协议）传输，都是极富挑战的。随着网络的宽带化，传输的要求发生了很大的变化，而且越来越倾向于在骨干传输中使用超大容量的优质产品。随着光纤到户，光纤到桌面，体积越来越小、成本越来越低、使用越来越方便、越来越容易维护并满足一定带宽的低端 IP 设备呈爆炸式增长。互联网、人工智能、云技术的发展，对网络传输速度、容量、接入方式提出了更高、更快、更好、更简单的要求。因此，要研究适应客户的各种需求，把握住其中的关键要素。

西方公司在消费品销售领域已经有几十年、几百年的经验，其中很多经验是值得华为学习的。当年美国之所以高速发展，是因为它所处的时代是短缺经济时代，用经济杠杆一撬，放大了量，充分满足社会需求，自然能从量中提取利润。现在世界处于过剩经济时代，不是短缺经济时代，到处都饱和了，杠杆一撬，撬大了，卖不动，然后就跌价了。没有利润，就不能用密集投资法（范弗里特弹药量）攻击、突破、前进。这个时代，质量、安全、可信已成为客户最基本的需求，要研究和满足这种需求。爱马仕不会灭亡，会灭亡的是地沟油。

与运营商产品不同，终端产品不是也不可能去满足所有消费者的需求，不同消费者有不同的喜好，一款产品（比如手机）只要抓住几个点就行。对消费者而言，除了硬件需求之外，还有应用、游戏、视频等需求，这些软件需求可以通过持续运营、持续优化来满足。因此，要研究和适应运营商、政企客户、消费者等不同客户的不同需求，抓住其关键要素。

不能孤立地看待需求，当能把个别的客户需求变成普遍的需求并及时满足，华为就胜利了。

6.1.5 客户需要的是一个商业解决方案

客户需要的是帮助他解决问题或满足其要求和期望的解决方案，特别是运营商客户，需要的是一个商业解决方案，能帮助其实现商业成功。当然，解决方案可以是华为自己做的东西，也可以包括华为从外面买进来或合作的东西，能满足客户需求即可。

要真正站在客户的角度，洞察运营商和政企客户面临的问题和挑战，然后用商业解决方案去帮助运营商和政企客户解决问题，为客户创造价值。任何单个产品都不可能解决运营商和政企客户的问题，能解决客户问题的一定是一个商业解决方案。面向运营商客户，要通过商业咨询、系统架构设计与集成等能力的建设，为客户提供端到端的商业解决方案，从而解决客户的问题。面向政企客户，要在洞察客户问题的基础上，与合作伙伴联合打造解决方案，一起去解决客户问题，为客户创造价值。面向消费者，要打造首先能感动自己的高质量、具有极致用户体验的智能终端产品，才能最终打动消费者。

6.1.6 解决方案必须低成本、高增值，还要时间快

能否开发出充分满足客户需求、有市场、有竞争力的解决方案并获得客户的喜爱，取决于企业对客户需求的认知能力、市场洞察力、技术水平、研发能力和管理能力。满足客户需求的解决方案必须低成本、高增值，还要推出时间快。谁能满足这样的要求，谁就能在市场竞争中抢占先机，取得优势地位，赢得客户。质量好、服务好、运作成本低、优先满足客户需求是提升企业竞争力和盈利能力的关键，也是华为的制胜法宝之一。

6.1.7 不能背离客户需求，关起门来搞改进

研发不能都是研究产品、研究技术的，研究客户需求是源头，这也是一种研究。

研究客户的需求不能关起门来搞，也不能等产品改进完了、技术实现了才来研究。如果等产品改进完了再研究客户的需求，客户都丢光了，这种改进也就没有用了。反过来，也不能让客户的需求不断牵引华为，让研发忙得喘不过气来，无法考虑产品的改进。所以华为需要的是，在客户需求的不断牵引下，善于利用先进的技术不断改进。

产品研发一定要贴近客户，而不是闭门造车。研发人员为了解客户需求，要多与客户和市场人员交朋友，要主动出击，去调查研究。如果不善于做这些事情，关起门来冥思苦想客户需求，既浪费时间和精力，还可能方向不正确。研究客户需求，还要善于利用外部资源，通过开放合作来进行。

产品经理要更多地和客户交流。华为过去的产品经理为什么进步很快？就是因为他们和客户大量地交流，不和客户交流就会落后。现在公司大了，如果只坐办公室，不亲自去捕捉客户需求，就不可能进步。所以产品经理要勇敢地走到客户中去，经常和客户吃吃饭，多和客户沟通，了解客户的需求到底是什么。如果你不清楚客户的需求是什么，你花了很多精力，辛辛苦苦把产品做好，客户却不需要，你就是加班加点地修改，也是浪费时间。就好比你烧了黄金珍珠饭给客户送过去，人家不吃，他们需要的是大米饭，你不得不回过头重新烧大米饭，时间就浪费了。所以还是要重视客户需求，真正及时地了解客户需求。

6.2 去粗取精，去伪存真，由此及彼，由表及里

为客户服务是华为的唯一目标，正确地理解和掌握客户需求是满足客

户需求、为客户创造价值的前提和基础。

真正理解和掌握客户需求，认真倾听是第一步。要认真聆听，真正地听清楚，搞清楚客户的问题及其背景，不要孤立地看待需求。华为把Marketing（营销）定位为"两只耳朵，一双眼睛"：一只耳朵倾听客户需求，另一只耳朵听行业、技术的发展趋势，一双眼睛紧盯竞争对手。

华为也提倡研发多走出去，多与客户交流。但如果认为出差就能找到客户需求，在家就不知道客户需求，这个逻辑也是有问题的。客户真正的需求绝对不是简单地听了一个或几个客户说的话就能掌握的。研究客户需求，还可以与客户合作建立联合实验室，并使之成为客户需求研究中心。

客户真实的需求就像浮在海面的冰山，除了露出水面的20%的显性需求，还有隐藏在水面以下的80%的痛点和问题。这些隐藏的痛点和问题，一般客户不会明说，需要去调查、分析和挖掘；有些需求可能表象还是伪需求，需要去研究和甄别。

研究、分析和掌握客户需求是第二步，也是最重要的一步。对客户需求的理解和洞察能力，往往决定了产品的成功和公司的商业成功。华为采用"去粗取精，去伪存真，由此及彼，由表及里"的十六字方针来分析、归纳和总结客户需求，以便正确理解和真正掌握客户需求。

统计和分析客户需求，历史上很多统计方法都是科学的统计，可以借鉴。为了确定需求是否在中心线附近及其重要程度，要到市场前线去调研，一定要基于市场而不是技术去判断。第一，要做调查模板，再根据数学模型做分布图，从而抓住最重要的点进行管理；第二，要有统计方法，要有权重，确定到底发给哪些人，哪些人的意见比较重要；第三，调查应有一定的广度，不能仅仅针对客户，客户的客户的意见也很重要，功夫往往在诗外。模板法、权重法、覆盖法依次统计出来的规律才有参考价值。没有分析清楚，没有用良好的模板进行客户需求调查，没有分类、综合的分析方法，没有数学模型，找不到正态分布的中心和重点在哪里，最后的结果就是在不重要的地方投入了很大力量，而在重要的地方出现问题。

消费者是一个个独立的终端产品的使用者，华为不可能了解所有消费者的需求，这不现实。因此统计调查方法对终端产品需求的收集和分析特别适用。

采用十六字方针对客户需求进行分析、归纳和总结，就能将个别需求转化为普遍需求，剔除假的和不合理的需求，真正理解和掌握客户的核心和本质需求。

华为的投资决策是建立在对客户多渠道收集大量市场需求，并进行"去粗取精、去伪存真、由此及彼、由表及里"的分析理解的基础上，来确定是否投资及投资的节奏的。已立项的产品在开发过程的各阶段，要基于客户需求来决定是否继续、终止、加快或放缓开发。

要正确理解客户需求，销售人员不能打着客户需求的幌子，卖狗皮膏药，这种现象过去一直有，特别是在强考核的时候，避免的办法就是采用十六字方针。要分析哪些是客户不合理的需求，不要客户说什么都答应，也不是哪一个或几个客户说了什么华为都要去做，所有需求都去满足。不能为了获取订单，签质量很差的合同，乱承诺。低质量的合同像一个杠杆，会相当于用几十倍甚至几百倍的力量撬动公司，这样华为公司一定会灭亡。所以要正确理解客户需求，不要打着获取合同的幌子对公司施压。如果没有正确认识客户需求，就会把公司拖向死亡。

第 7 章
华为的发展指导方针

发展指导方针是华为能不断成长，成为全球领先公司的关键要素之一，是华为从长期的经验教训中总结出来的，制定业务规则和业务决策时必须遵循的准则。华为能发展到今天，得益于长期坚持以发展指导方针来管理公司战略、投资和发展方向，制定业务政策，做正确的投资。

一个公司能力有限，要发展不能闭关自守，必须要开放吸收宇宙能量。要坚持独立自主，掌握核心技术，以自己的核心成长为基础开放合作，实现共赢。创新是华为发展的不竭动力，要鼓励创新，宽容失败，围绕客户需求持续创新，要敢于打破自己的优势，拥抱颠覆性创新。

要基于优势选择大市场，孵化大产业，敢于抓住机会大胆投入，有所为有所不为，不在非战略机会点上消耗战略竞争力量。要集中公司全部力量于一点，在某一点、某一面上实现重点突破，获得市场机会，通过不断投入、突破，获得更多市场，形成良性循环。要坚持在大平台上持久地大规模投入，坚持每年将 10% 以上的销售收入投入研发，并逐渐提高研究占研发费用的投入比例，使华为能持续保持技术领先，支撑公司长期稳定地发展。

7.1 开放、合作、创新

7.1.1 不开放就会死亡

一个企业一定要开放，不开放就是死路一条。对于华为公司来说，如果软件不开放，收益率会非常低，再怎么折腾也只有自己的一亩三分地。如果不掌握核心技术，开放就会埋葬自己；但拥有了核心技术，却没有开放，就不会带来附加值，也没有大的效益。所以华为既要拥有核心技术又要走向开放，这样，核心技术的作用才能得到体现。开放周边能够提升公司的核心价值。

华为为什么要强调开放？因为这个世界太大，流量管道如太平洋那么粗，未来没有一家公司能垄断市场，不开放就是死路一条。如果有人不愿意开放，就是被既得利益绑架了。所以一定要消灭既得利益，这是华为公司一贯的做法。从历史上看，华为公司在哪个领域赚钱，就会消灭那个领域，因为如果自己不降下来，别人一定会取代你。石器时代结束，不是因为没有石头了。所以华为公司一定要坚持开放，这一点绝不能动摇。不要说华为是弱者，就是强者也要开放。开放后华为公司什么优势都没有了，没有优势就逼着华为自己必须努力，结果反而会重新获得优势。

资本主义就是因为开放走向成功的，中国以前闭关自守没有成功，改革开放使中国走向强大，所以华为要走向开放。美国是最开放的国家之一，尽管有时出现暂时的落后，但科技领域有火山喷发式的创新，一会儿冒出一个苹果（Apple），一会儿冒出脸书来，所以美国现在还是最强大国家。如果华为不向美国人民学习他们的伟大，不开放，就永远战胜不了美国领先公司。

一个不开放的文化，就不会努力地吸取别人的优点，就会逐渐被边缘化，是没有出路的。一个不开放的组织，迟早也会成为一潭死水，也是没有出路的。无论在产品开发上，还是在销售服务、供应管理、交付管理、财务管理等方面，华为公司都要开放地吸收别人的好东西，不要闭关自守，故步自封，不要过多强调自我。创新是站在别人的肩膀上前进，同时像海绵一样不断吸取别人的优秀成果，而不是封闭起来的"自主创新"。只有开放才能永存，不开放就会昙花一现。

为更好地满足客户需求，建设百年教堂，华为也必须坚持开放与创新。只有在开放的基础上，华为才能成功。在产品开发上，要开放地吸收别人的好东西，要充分利用公司内部和外部的先进成果。

由于过去的成功，华为现在越来越自信、自豪，其实也在自满和自闭，这是非常危险的。强调开放，华为多向别人学习一些，才会有更新的目标，才会有真正的自我审视，才会有时代的紧迫感。

因此，开放是华为生存下去的基础，是华为的出路。如果华为公司不开放，最终就要走向死亡。华为必须坚持开放的道路永不动摇。

7.1.2 一杯咖啡吸收宇宙能量

华为人在思想上要放得更开，走出去，多交朋友，多喝咖啡，就能产生思想的碰撞并互相启发，擦出创新火花，释放很多"能量"。这就叫一杯咖啡吸收宇宙能量。只有不断地吸收能量，华为才会永存。因此，华为要建立一个开放的体系而不是封闭的系统。

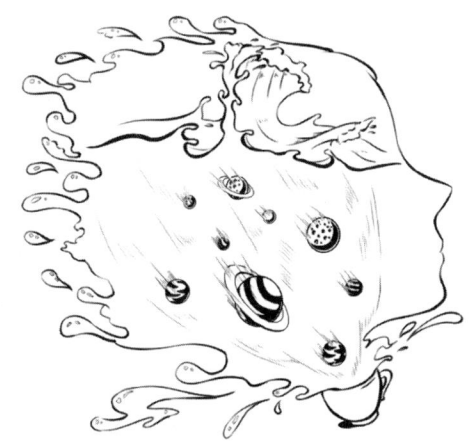

参加国际会议能开阔视野。高级干部与专家要多走出去，与人交流，

没准儿就能产生灵感；与人思想碰撞，不知道什么时候就能擦出火花。回来写个心得，把你的感慨写出来，发到网上，也许你觉得没有什么，但如果点燃了熊熊大火让别人成功了，就是你的贡献。

Fellow[①]的技术思想不能保守，也要传播到准博士和博士这些华为未来的"种子"里面去。不仅要和大师喝咖啡，也要和"种子"喝咖啡。喝咖啡是可以报销的。别怕白培养，哪怕他不来华为，他总要为人类服务吧？把能量输入"种子"阶段，就会形成庞大的思想群。就像一块石头被丢到水里激起涟漪一样，一波一波影响世界。一个Fellow能交5个这样的朋友，一个人有几百个粉丝，一算就明白可以影响多少人。交流也是在提升自己，只守在土围子里面，守碉堡最终也守不住的。

华为公司现在缺少思想家和战略家，要成为世界级企业，就不能只停留在将军层面。如果都只会英勇奋战，思想错了，方向错了，越厉害就越有问题。所以公司走到逐渐领先这一步，不光要有技术专家，还希望能产生思想家，靠思想家、战略家来构筑未来的世界。

在未来探索的道路上，华为不能只有"坦克、飞机、大炮"，还要培养一批科技外交家。他们应当是具有相当资质的优秀专家，其特长不仅是单项突破，还要有广泛的知识面，综合能力强，这样的人就可以定位为"科技外交家"。Fellow一心一意盯着新技术往前走，科技外交家广泛扫描，到世界各处与人喝咖啡，目标是综合性地听风声，听完以后，总能捕捉到一两个信息小苗头。抓住业界突然冒出来的小苗头，回来输入到公司的平台中，经过科学家们的务虚分析，如果方向正确，就作为战略务虚会要点，输入到2012实验室，启动未来十年或二十年的技术研究。有了一定的阶

---

① Fellow，有重大成就的华为公司专业技术人员的最高称号。在产品、技术、工程等领域取得创造性成就、做出重大贡献、具备足够业界影响力的华为员工，可被推荐参与华为Fellow的评选。

段性研究成果，再进入战略 Marketing 体系，继续规划业务发展，然后在产品开发中实现成果转化。

总之，要团结一切可以团结的力量，一杯咖啡吸收宇宙能量，炸开封闭的人才金字塔的顶尖，让大家仰望星空，不再依靠塔尖上那个人的视野，而是天才成批来，用真理引导企业。即使出现"黑天鹅"，也要让它飞在华为的"咖啡杯"中，而不是在别人的湖里游泳。

7.1.3 以自己的核心成长为基础开放合作

一个公司再强大，能力也是有限的，不可能所有技术、产品都要自主开发。搞开发，光靠内力也许能做到，但是成本太高，而且支撑体系大了以后效率就非常低。因此要借用外部的力量，这是企业管理的一种必然。华为不能过分强调自主知识产权，也不要过分追求自主开发，否则就会穿上"红舞鞋"。

华为开放合作是以自己的核心成长为基础的。华为从来都坚持独立自主、自力更生，从来都不依赖别人。开放和依赖是两个不同的概念，开放就是吸收别人的成果，充实自己，提高自己。但如果没有独立自主的基础，开放就会只是引进、引进再引进，其结果是自己什么也没有。

华为公司要活下来，提高核心竞争能力，就要进行战略性和策略性合作。华为遵循在自主开发基础上广泛开放合作的原则。重视广泛的对等合作和建立战略伙伴关系，使自己的优势得以提升，让优势更优。既竞争又合作，是 21 世纪的潮流。竞争迫使所有人不停地创新，而合作使创新更加快速有效。可与竞争对手基于各自擅长的领域开展优势互补的合作，在不损害双方核心技术机密，不削弱对方市场竞争力的非核心领域进行共同开发，共同降低成本，共同提升相对其他对手及潜在对手的竞争力。

在公司发展的过程中，要缩短战线，紧紧围绕聚焦的领域来发展，不断向核心竞争力收缩，砍掉组合排序靠后的一些项目。要广泛吸收世界最新研究成果，虚心向国内外优秀企业学习，在独立自主的基础上，建立自己领先的核心技术体系。在此基础上，该开放的就开放，该合作的就合作。

7.1.4 开放合作，实现共赢

开放与合作是企业之间关系发展的大趋势，未来世界，谁都不可能独霸一方，只有加强合作，你中有我，我中有你，才能获得更大的共同利益。

华为要活下去就要学习，开放合作，不能关起门来赶超对手。华为公司是开放的，愿意和世界各国的伙伴加强合作，虚心、认真地学习国外主要竞争对手的优点，并时时看到和改正自己的缺点。只有开放与合作才能保证华为产品的先进性，华为所有的拳头产品都是在开放与合作中研制出来的。

心胸有多宽，天下就有多大。这个时代，如果华为公司的平台能够充分开放，让别人在上面做很多内容，做很多东西，这样就能建立一个大家共赢的体系。如果华为没能力做中间件，平台不开放，是封闭的，封闭的东西迟早都会死亡的，只有众人拾柴火焰才高。

华为在研发的过程中只做自己有优势的部分，其他部分更多地加强开放与合作，只有这样，华为才可能构建真正的战略力量。要在学术会议上多和友商交流，并在行业标准和产业政策上与它们形成战略伙伴关系，这样就能应对快速变化的世界。

要和供应商合作，优先使用供应商的器件，必要时帮助供应商进步，提高质量以达到华为的要求，保证供应的连续性。如果不用供应商的产品，那么华为就相当于建立了一个封闭的系统，封闭系统必然要能量耗尽，要死亡的。

做操作系统不能狭隘，这和做高端芯片是一样的道理：一是让别人允许华为用，以便别人在断华为粮食的时候，备份系统能用得上；二是要允许别人用，构建华为生态。

要以开阔的心胸容纳来自四面八方的人。开放合作，实现共赢，就是团结越来越多的人一起做事，实现共赢而不是共输。

7.1.5 创新是华为发展的不竭动力

企业要活下去，从根本上来看是要有钱，要有利润。天底下给华为钱的，只有客户。因此华为只有满足客户需求，为客户创造价值，才能生存。

创新是利用已存在的自然资源改进或创造新事物（价值）的一种过程和手段。创新是企业必然的选择，客户需求是随着社会的发展和技术的进步而不断变化的，只有不断创新，才能不断满足客户需求，不被客户抛弃。也只有不断创新，提高核心竞争力，才能在技术日新月异、竞争日趋激烈的社会中生存下去。

创新驱动发展。30多年的奋斗历程使华为体会到，没有创新，要在高科技行业中生存下去几乎是不可能的。在这个领域，没有喘气的机会，哪怕只落后一点点，也意味着逐渐死亡。如果没有创新，华为就不可能构筑差异化的竞争力，不可能取得领先优势，只有创新才能使华为发展壮大。

创新是华为发展的不竭动力，是华为的DNA，也只有创新才能创造更多的价值，激发更多人的潜能。持续创新是华为生存和发展的根本，是华为基业长青的基石。

7.1.6 不创新是最大的风险

知识经济时代，企业生存和发展的方式发生了根本的变化，过去是靠正确地做事，现在更重要的是靠做正确的事。过去人们把创新看作是冒风险，现在不创新才是最大的风险。

人类社会正处在一个转折时期，未来二三十年将会进入智能社会，这是一个客观规律，谁也无法阻挡，其深度和广度超出人们的想象。随着互联网的发展、生物技术的突破和人工智能的使用，为满足海量信息的传送与处理需求，人类迎来了石墨烯代替硅的时代，由此引发的电子工业革命汹涌澎湃，巨浪滔天，其前景谁也无法想象。越是前途不确定，越需要创造，越需要创新。如果华为不能扛起重大的社会责任，坚持创新，迟早会被颠覆。新的数字化、智能化时代是赢家通吃的时代，谁占有先机，谁就可能存活。

研发投资不可能做到100%成功，100%成功就意味着没冒一点儿风险，没有冒险就意味着没有创新。有创新就有风险，决不能因为有风险就不敢创新。华为若不冒险，跟在别人后面，长期处于业界二三流水平，将无法像现在一样与领先公司竞争，也无法获得活下去的权利。华为若因循守旧，30多年也不会取得这么快的发展速度。因此一个公司无论大小，都要敢于创新，不冒险才是当今最大的风险。

马克思说过，科学的入口处正像地狱的入口处，这是那些把有限的生命投入无限的事业中、历经磨难的人，才能真正感受到的。只有不畏劳苦，沿着陡峭山路不断攀登的人，才有希望到达光辉的顶点。创新才有希望，这是企业唯一的生存之路，是成功的必经之路。

7.1.7　围绕客户需求持续创新

任何先进的技术，只有转化为满足客户需求的商品，进而转化为客户的商业成功，才能产生价值。在产品投资决策上，华为也坚持客户需求导向优先于技术导向。在深刻理解客户需求的前提下，对产品和解决方案进行持续创新。

一切有利于更好地满足客户需求，为客户创造更多、更大价值；有利于改造内部运作效率和质量，降低成本；有利于更好地与客户做生意，方便服务客户；有利于提升客户体验，增加客户忠诚度的技术、管理、商业模式的创新都是必须的。这体现在客户更坚定地选择华为，综合体现在市场的卓越表现上。由于内部管理及商业模式的创新与改进，最终都要体现在客户对华为的综合感知和体验上，体现在华为为客户创造的价值上，因此可以认为，华为的创新一直是紧紧围绕着客户需求进行的。

客户始终是华为的良师诤友。在运营商领域，是客户逼着华为读懂技术标准，读懂客户的需求。客户像严厉的诤友，逼着华为一天一天进步，只要哪一天不进步，就可能被淘汰。正是客户处处将华为与西方最著名的公司进行比较，达不到同样的条件就不被选用，逼得华为只有不断地努力、不断地创新，赶上并超过西方水平。没有客户的严厉和苛求，华为就不会感受到生存危机，就不会一天也不停地去创新，就不会有今天的领先地位，华为的产品和解决方案就不会有持续竞争力。

面对未来网络的变化和数字化浪潮，面对客户需求的变化，华为必须围绕客户需求不断创新，为构建万物互联的智能世界而创新。

7.1.8 在继承的基础上创新，不要过分狭隘地自主创新

"神奇化易是坦途，易化神奇不足提。"数学家华罗庚的这一名言告诫华为，不要把简单的东西复杂化，而要把复杂的东西简单化。那种刻意为创新而创新，为标新立异而创新，是幼稚病的表现。创新的目的是什么？创新的目的在于确保产品的高技术、高质量、高效率、高效益。从事新产品开发不一定是创新，在老产品上不断改进不一定不是创新，这是一个辩证的关系。一切以有利于公司目标的实现为依据，要避免进入形而上

学的误区。

创新不是推翻前任的管理，另搞一套，而是在全面继承的基础上不断优化。只有继承，才能进一步发展，而不是还没有继承，就想发展。

华为要站在巨人的肩膀上前进。如果自己一点点从地上爬起来，当爬到巨人肩膀上时，已经过了3000年。为了更快、更好地实现华为的目标，要充分吸收利用人类的一切文明成果。人的生命很短，学这个学那个，等到满腹学问时，已经90岁了，不可能像年轻人一样做贡献，只有未来的机器人，才可能在19岁的年龄拥有90岁的智慧。所以在创新过程中，华为人要在有限的生命里，吸取更多能量，缩短创造财富的时间，节省创造财富的精力。如果别人合理收取华为公司一点知识产权费，其实相对更便宜，狭隘的自主创新才是贵的。

2000年，华为收购了美国的一家濒于崩溃的小公司，从而使华为在长距离光传输技术上成了世界第一。因此，要努力去吸收已经成功的人类文明，不要过分狭隘地自主创新，否则会减缓华为发展的速度。

华为长期坚持的战略，是"鲜花插在牛粪上"的战略，从不离开传统去盲目创新，而是基于已有的成果去开放，去创新。"鲜花"长好后，又成为新的"牛粪"，华为要永远在继承的基础上创新。

华为曾经盲目地学习和跟随西方公司，指望从天上掉下个林妹妹，结果下不来，连不上，不知道怎么用，一直到林妹妹变成老太太了，全都做好了，可以接进来了，才开始用，那林妹妹就老了，没价值了。所以说，华为做任何业务，都强调鲜花要插在牛粪上，要从牛粪上长出鲜花来，逐步形成百花争艳的局面。

总之，华为要站在前人的肩膀上，继承和发展人类的成果，跟上时代的步伐。不要过分狭隘地自主创新，要开放创新，让世界科学技术合法地为我所用。

7.1.9　要敢于打破自己的优势，形成新的优势

华为现在已经是一个"宝马"（大公司的代名词）。在瞬息万变、不断涌现颠覆性创新的信息社会中，华为能不能生存下去？这是一个摆在华为人面前的很重要的问题。华为用了30年的时间建立起一个优质的平台，拥有一定的资源，这些优质资源是很多高级干部和专家花费了不少钱才积累起来的，是宝贵的财富。过去所有失败的项目、淘汰的产品，浪费了不少辛苦挣来的钱，但没有这些浪费，就没有今天的华为。华为珍惜这些失败积累起来的成功，只要不故步自封，敢于打破自己的坛坛罐罐，敢于拥抱新事物，华为不一定会落后。如果因循守旧，不愿放弃已有优势，不思进取，不愿意积极拥抱未来、拥抱变化，华为就可能被时代抛弃。

历史上很多技术，其始作俑者往往最后变成了失败者。蜂窝通信是摩托罗拉发明的，数码相机是柯达发明的……这些巨头的倒下，说穿了就是因为没有预测到未来，或者预测到了未来，但舍不得放弃既得利益，没有勇气革自己的命造成的。大公司有自己的优势，但大公司如果不能适应这个时代，就会瞬间灰飞烟灭。走向新时代的路径可能不是直线，可能会出现弯曲，就像光也会弯曲一样。过去经济学的一些经典理论，到这个新时代可能也会发生变化，过去的成功模式也会出现变化。华为公司过去在几次重大战略决策上都犯过错误并得到了教训：曾经否定基于铜线的宽带，后来才追赶上来，软交换走了弯路也是重新追赶上来的。华为现在有这么大的规模，在这个快速变化的时代，如果没有勇气打破自己的优势，形成新的优势，是非常危险的。如果不主动打破自己的优势，早晚也会被别人打破。

华为要通过自我否定和自我批判，勇敢地拥抱颠覆性创新。在充分发挥自己优势的基础上，要敢于否定自己、颠覆自己，不要怕砸了金饭碗。要对自己、对今天、对明天进行批判，以及对批判进行批判。不仅要探索

适应颠覆性技术创新的道路，也要研究以怎样的方式把今天的技术创新延续到明天。

作为大企业，成长起来并形成自己的优势是不容易的，要继续发挥好自己的优势。苹果公司的成功是 40 年积累的突破，并非一日之功。个人电脑是苹果发明的，图形界面也是苹果发明的，后来进入 MP3 音乐领域也成功了。MP3 加了通信，第一代 iPhone 就卖了 900 万台。这是苹果公司多年积累换来的成功。人类需要的不是颠覆，而是技术被高质量地继承与发展。

小公司容易颠覆性创新，作为大公司有自己的资金、技术、资源优势。华为要对颠覆性创新积极关注、响应并做好准备，一旦发现一个战略机会点，可以千军万马压上去，后发式追赶。要敢于用投资的方式，而不仅仅是用人力，要把资源堆上去，寻求突破，这也是华为公司和小公司创新不一样的地方。

华为要以关注未来 5～10 年的社会需求为主，同时防范黑天鹅事件的发生。大多数产品还是要重视延续性创新，这条路要坚决走下去；同时允许一小部分新生力量从事颠覆性创新，探索性地"胡说八道"。这种颠覆性创新是开放的，延续性创新可以不断吸收能量，将来颠覆性创新长成了大树，也可以反向吸收延续性创新的能量。华为只要不保守，勇于打破已有的优势，吸收宇宙能量，开放创新，追赶时代潮流，就有可能追上"特斯拉"，形成新的优势。

7.1.10 创新要容许失败，给创新空间

要创新就一定要勇于冒险，敢于试错，没有冒险就没有创新，允许冒险就是允许创新。允许创新就要允许功过相抵，允许犯错误，允许在资源配置上有一定的灵活性，给创新空间。不允许功过相抵，就没人敢犯错误，

就没人敢去冒险，创新就成了一句空话。没有创新机制，用再大的声音喊"大胆创新"的口号也没有用。因此，无论过去、现在还是将来，无论是在减慢速度的过程中，还是在飞速发展的过程中，创新机制都不能停，创新精神和意识在华为永远不能泯灭。

研发相当多的工作是创新，而创新最大的可能是犯错误，而不是成功。如果不宽容错误，不宽容从泥坑中爬起来的人，那就是假创新，不是真创新。各种技术创新，本身就不可能绝对正确，失败了，只要认真总结，把路径讲清楚，边界论证充分，知道边界在哪里，到了这个边界就会走不通，就是成功。比如石油工业，石油几千万年来不断地聚集在这个窟窿里面，如果打油打到这个窟窿上，那是顶呱呱的水平，但是地下能搞得准吗？电磁波也穿不透，打到这个地方，发现没油，后来又打了那个地方，也没油，再后来打到这个地方有点儿油了，难道早打的那两点就不算成绩，三年就不能涨工资？早打的两个点就说明这个油层的边界在哪里，根据这个边界和油层厚度就能算出储量。打一次是很难打到油的，那就多打几次，不能认为打在边上的都没有功劳，只有打到油的才有功劳，那中国石油工业就没有了。所以不成功的科学研究也是一种成功，或者说是为成功打下了坚实的基础。

科学研究，没有浪费就不可能有成功。因此要宽容失败，才会有创新。宽容有双重含义：第一，科学家自身对评价要有一些正确的态度，有时候科学家也会受一点委屈，也请对组织宽容一些，只要生活是体面的；第二，对科学家的评价要相对合理，不要过于情感化，对一时的不成功，要合理地鼓励，使科学家能接受。公司要肯定科学家的贡献，科学家也要宽容公司在一个阶段里没有做出特别的评价。

面向未来模糊区的探索，要更多地宽容。从任何一条道路攻上山顶都是胜利，没有"失败"。在探索的过程中，不能说这个项目组胜了，其他几个项目组就灰溜溜的。要胜则举杯相庆，败则拼死相救。看待历史问题，特别是做基础科学研究的人，应更多地看到自己对未来产生的历史价值和贡献。从事基础研究的人，有时候不需要急功近利，所以不能只比论文数量，要踏踏实实地做学问。

要正确看待成功与失败。在科研的道路上，研究、探索没有失败的概念，失败的经验是宝贵的财富。失败是成功之母，失败也是一种学习，而且是最宝贵的学习。知道失败项目失败的原因，证明了此路不通，也是一种探索。只要把失败项目中的奋斗者留下来，把失败的经验带到其他的项目中，就能避免失败。只要善于总结失败中的成功基因，避免未来在这个方向上进行大规模的商业投入而造成不必要的损失，这样的失败也是值得的。猴子在树上时，世界就没有路，成为人后才走出弯弯曲曲的小路。正是有无数的探险家，世界才变得阡陌纵横。

不能以成败论英雄。没有一个人能走遍世界，能走一段路的探险家就是英雄。近400年来，全世界沉入海洋的船舶多达25万艘，那些沉在海底的人，是全球化的英雄。不完美的英雄也是英雄，他们鼓舞人们不断地献身科学，不断地探索。失败的路上同样有优秀人才存在，失败的项目中也会有英雄产生。"从泥坑中爬起来的都是圣人。"要使"失败"的人才、经验能继续留在队伍里，这样华为会更成熟。

评价科学研究或基础研究，不能采用量化的考核方法。不仅没有KPI，也没有失败两个字。都不知道路怎么走，怎么去设KPI呢？应该以一个很长的时间尺度来评价科学家讲的话，不能计较是否所有内容都具有现实性意义。因此，创新要建立科学的评价机制，不要简单草率。成功的项目是成功的，失败的项目只是项目失败，人还是可能成功的。

总之，在创新问题上，华为要更多地宽容失败，宽容失败的人，华为才能不断创新，才有明天和光辉的未来，否则华为就没有明天。当然，也不是所有的领域都允许大规模的失败。

7.1.11 创新应该是有边界的

华为是一个营利组织,一切工作都是围绕商业价值和利益的,华为不是有资助的研究机构,因此在创新问题上,华为强调价值理论,不是为了创新而创新,创新一定是为了创造价值。创新要有益于公司的有效发展,不能成为旧事物的卫道者,也不要成为盲目创新的推动者。

创新是有边界的,不能盲目创新,那会分散公司的投资与力量。华为只允许员工在主航道上发挥主观能动性与创造性。非主航道的业务,要认真向成功的公司学习,坚持稳定可靠运行,保持合理有效、尽可能简单的管理体系。要防止盲目创新,四面八方都喊创新,就是华为的葬歌。

公司对产品创新是有约束的,不能胡乱创新,产品创新一定要围绕商业目的,实现商业变现。对研究与技术创新的约束可以放得略宽一些,但不能无边界,只能聚焦在主航道上或相关方向。电子显微镜是贝尔实验室发明的,但它的本职是做通信的,为了满足科学家的个人愿望而发明了电子显微镜。因为舍不得放弃发明成果,于是就成立了电子显微镜相关的商业组织进行商业运作,最终,贝尔实验室垮了。因此,无边界的技术创新有可能误导公司战略。华为公司要成就的是华为的梦想,不是全人类的梦想。所以华为的创新应该是有边界的,不是无边界的。

7.2 基于优势选择大市场

7.2.1 只有大市场才能孵化大企业

只有大市场才能孵化大企业。通信市场就是一个大市场,中国通信网的蓬勃发展给了华为这个机会，华为成长的环境尽管是非常艰难的，在家门口就面临跨国巨头的竞争，但是华为抓住了机会并通过艰苦奋斗发展起来了。企业不经历风雨，不经过努力，不可能做大做强。家电市场也孵化了很多大企业。智能终端产品是一个大市场，其空间足够大，智能手机是智能终端产品的重要细分市场，孵化了苹果这样的世界级大企业。华为的消费者业务支撑了华为近 10 年的大发展。

互联网的发展也催生了谷歌、阿里巴巴、腾讯等大企业。未来二三十年，随着互联网、5G、人工智能、云计算、大数据等技术的发展，人类将进入智能社会。华为公司致力于构建万物互联的智能世界，这个市场非常大，是华为的重大机遇，必须抓住。华为要建立大市场概念，开发面向大市场的产品，树立大市场形象。研发的产品不再是单一产品，而是全联接、全场景解决方案，市场的重点将不再是一台一台地卖机器，而是将产品和解决方案推向一个地区、一个国家乃至全球。

华为过去的奋斗实践说明，只有大市场才能孵化大企业。选择大市场仍然是华为今后产业选择的基本原则。当然，成功并不是引导华为未来前进的可靠向导，公司要严格控制进入新的领域。

7.2.2 利用独特优势进入新领域，为客户做出与众不同的贡献

新领域新市场，机会与风险同在。华为公司选择做什么和不做什么，应该考虑华为进入这个领域是否有独特的优势，比如研发的优势、全球销售与服务网络的优势等。华为未来要发展的多元化产业，主要聚焦在 ICT 相关领域，优先选择能够发挥华为的研发实力和全球销售与服务网络优势以及技术门槛高、市场规模大、市场运作规范的产业。利用华为的独特优势进入这些领域，而不是从和别人一样的起点开始做。

华为进入新的成长领域，应当有利于提升公司的核心技术水平和能

力，有利于发挥公司资源的综合优势，有利于带动公司的整体扩张。只要顺应技术发展的大趋势，顺应市场变化的大趋势，顺应社会发展的大趋势，就能使华为避免大的风险。只有当看准了时机并有了新的构想，确信能够在该领域中为客户做出与众不同的贡献时，华为才会进入新市场的相关领域。

7.3 要更多地强调机会对公司发展的驱动

7.3.1 机会是企业扩张的动力

西方公司以资源驱动企业发展，华为更多地强调机会对公司发展的驱动。机会是企业扩张的动力。

机会、人才、技术和产品是公司成长的主要牵引力，这四种力量之间存在相互作用。机会牵引人才，人才牵引技术，技术牵引产品，产品牵引更多更大的机会。机会是由人去创造的，人创造机会必须通过工具，这就是技术，技术创造出产品就打开了市场，这样就重新创造了机会，这是一个螺旋上升的循环。

7.3.2 抓住机会与创造机会

只要有人，社会发展就会有需求，就会有机会。从全球宏观环境来看，5000年后还有西瓜，人还要吃西瓜。

西方国家的电信网络都是20世纪80年代建设的，那时的技术条件落后，运营的网络也是落后的，他们要对网络进行改造，这给华为提供了巨大的市场机会。中国的电信网络和移动通信是90年代开始逐渐发展起来的，这也给华为提供了一个巨大的奋斗平台和成长发展的机会。

现在是一个突飞猛进的数字化、智能化时代，不是日新月异，简直是时新日异，数字化社会的前进速度和爆炸式的扩散规模，充满挑战，也充满机遇。未来是全联接智能社会，大数据、大流量可能呈超几何级数增长，需要更大、更粗、更快的管道，这是华为面临的最重要、最好的机会。华为集30年努力建立起的平台基础，比别人更有优势。粗管子由十几根细管子叠起来的时代要结束，未来需要大平台，华为的战略机会点出现了，必须抓住。

信息网络的加速扩大，使得所有新产品和新技术的生命周期越来越短。如果不能紧紧抓住"机会窗"开启的短暂时间，获得规模效益，企业的发展就会越来越困难。华为要善于抓住机会，加速发展，使公司同步于世界发展趋势而得以生存。

机会就像波浪一样，上下起伏，谁抓住机会，敢于大规模地投入，谁就可能领先世界。

要利用机会强制地牵引公司前进，寻找企业发展的方向，在新的机会点上要敢于站到世界发展的前沿。从创业到现在，一直有人说华为公司是堂吉诃德，为什么呢？就是因为华为从来都是把每一次产品开发都定位在与国际接轨，定位在产品必须具有世界先进水平，而不是仅定位在国内，这才有了今天的华为。

要特别关注机会点，迅速地集中能量，要有市场的敏感性和快速响应能力，特别是要时刻关注客户需求。既要关注长期的目标，也要集中力量抓住中短期机会。

一定要在困难和外部压力下寻找新的机会点。市场容量下降，但公司的市场份额不能降，反而还要增长。在低潮时期，一定要敢于投入，创造机会，实现增长，我长彼消，甩开对手。

时代在发展，技术在进步，客户在变化，战略机会永远都会出现，华为要抓住战略机会点，抢占战略制高点，敢于投入，千军万马压上去，把资源堆上去，这就是华为和其他公司不一样的地方。

以前中国企业在抓机会方面比较落后，往往是在机会出现之后才认识到，然后做出正确判断，抓住机会，赢得成功的，华为过去就是这样。而已经走到世界前列的著名公司，是靠研发创造出机会，从而引导消费的。他们在短时间内席卷了"机会窗"的利润，又通过加大投入创造更大的机会，这是他们比华为发展快的根本原因。今后华为公司不仅要能抓住机会，还要善于创造机会。

抓住机会与创造机会是两种不同的价值观，它决定了企业与国家的发展道路。混沌中充满了希望，实现希望又从现实走向新的混沌。人类的历史就是由必然王国走向自由王国的历史，在自由王国里又会在更高的台阶上处于必然王国。因此，人类永远充满了希望，再过5000年还会有发明创造，对有志者来说，永远都有机会。任何时间晚了的悲叹，都是碌碌无为者的自我解嘲。

7.3.3 要敢于创造和引导需求

寻找机会，抓住机会，是追赶者的名言。创造机会，引导消费，是先驱者的座右铭。一个企业在处于跟随阶段时，关键是要满足客户需求。当一个企业逐渐走入领先行列时，它就不能仅仅满足客户显性和当前的需求，还要满足客户隐性和未来潜在的需求，更要敢于创造和引导需求，创造机会，取得"机会窗"的利润。

当前的技术发展逐步逼近香农定理、摩尔定律的极限，而关于大信息流量、低时延的理论还未问世，华为已逐步进入无人区。在无人区内无人领航，无既定规则，也无人跟随。华为必须在茫茫前路上找到方向，成为领路人、领导者。华为要像丹柯一样，引领和照亮电子信息领域前进的路，敢于创造和引导需求，即使可能付出极大的代价，也要不断创新，勇于探索。

创造和引导需求，是企业创新的源泉和动力，是行业领导者应该担当的责任，也是华为吸引人才，实现理论突破、技术创新，从而保持产品持续领先的牵引力。

7.3.4 在市场模糊的情况下必须多路径探索，当市场明晰时立即将投资重心转到主线上去

未来世界变化太快，只赌一条路的公司都很难成功，一旦战略方向错误，就会造成巨大损失。大数据流量时代，没人知道未来的流量到底会有多大，固定网络将发挥重要作用，有巨大的市场机会。既然已经确定了企业的战略发展方向，就要把实现目标的多种机会都当成对目标进攻的方式。不能只赌一种机会，那是小公司的做法，因为小公司资金不够，赌对了就赢了，但输不起。华为是大公司，资金充足，就要敢于投资。只要市场需要，而且可能有一定的市场规模，华为就要抓住这个机会。在市场比较模糊的情况下，不能轻易放弃，必须多路径探索，当市场明晰时，立即将投资重心转到主线上去。

到达上甘岭的目标可以通过多条道路。在研究与创新阶段可用多个进攻路径和多种技术方案，多梯次地向目标发起进攻。即使某一种路径失败了，也给华为培养了很多人。当其中一条路径越来越清楚时，就把其他路径上的资源往这条路径上聚集，集中资源实现突破。

当混沌中出现了一个新的战略机会点时，要加大在这个方向上的跟踪投入，同时迅速研究立项。逐步聚集资源、人力、物力进行项目研究，集中优势兵力进行技术研究和试验，一旦突破立即转入产品开发。在严格的试制阶段，紧紧抓住工艺设计、容差设计、可制造性设计，提高测试能力，使成果实现可生产性转化，更加突出商品特性，最终实现商业变现。

7.3.5 加大对机会的战略投入

华为公司要赢得未来，必须加大对机会的战略投入。但在做战略决策的时候，不能只把宝押在一个方向上，因为做产品投资只选择其中一种考虑，风险太大。在公司战略发展方向上，也不能在战略投入时机上出现延误，延误了可能会在未来给华为造成很大的损失。

当决定在某一战略方向发展时，公司要在相反的方向，对外进行风险投资，以便在自己主选择错误时，赢回时间。当事物还处于混沌状态，自己没有主选择时，要同时在多种方向上进行均衡的风险投资；只有当事物发展的主线越来越明晰，才大规模组织队伍扑上去。

在有清晰长远目标思路的情况下，华为要敢于机会主义，敢于抓住"机会窗"打开的一瞬间，赢取利润。智能手机是终端中最大的市场空间和机会，华为抓住了机会，大胆投入，实现了突破，赢得了市场。

当经济大形势下滑时，华为要加大投入，实现反周期成长。2000 年后的一段时间，华为内外交困，几乎濒临崩溃。按正常逻辑，那时候应该收手，休整队伍，巩固好根据地，以便下次再来。但华为加大投入，实现了反周期成长，因此当经济危机一过，友商就看到了旁边站着个人，个子虽然还有点矮，鼻子也低，但还是能看出长大了。通过第一次反周期成长，华为站在了世界舞台上。IT 泡沫崩溃时，当时的传输从白马王子跌到一文不值，许多业界领袖公司减少了投入，而华为反其道而行之，在财务极度困难时，没有减少投入，使华为 2008 年就成为世界第二。因此，当危机到来时，危中有机，要加大投入，化危为机。不加大投入，公司就会很危险。

从研发到把产品推向市场有时间差，如果冬天公司不加大投入，等到春天来了种什么？不加大投入就很难产生机会，因此研发体系要和市场体系错开相位发展，在市场下滑时，加大研发投入，才有可能在市场重新恢复正常时有所发展。为此，华为公司在研发体系投入的问题上是不能动摇的。

要抓住机会，还要敢于在世界竞争格局处于拐点的时候加大投入，实现弯道超车。在 F1 比赛中，赛车不会在直线跑道上超车，因为超不了。在直线上大家都是拼命加速，怎么超？西方同行有几十年的管理积累、品牌积累、客户的信任积累。在发展形势一片大好时，他们一加速就跑得远远的，超不了。而在过弯道的时候，一个判断失误，可能就掉到后面去了，因为过弯道时多迷惑、多犹豫。现在的电子产品像秋天的西瓜一样过剩，价格已经降到令人不可接受的地步，谁都不清楚，未来这些产品能否恢复盈利。华为只要把握了自己的优势，敢于在弯道上加大投入，就有可能在某方面超越他们。

7.4 有所不为才能有所为

7.4.1 在与企业核心竞争力不相关的利益面前，禁得住诱惑

华为是一个有梦想、有追求，同时资源也有限的公司，不为短期的利益所动，紧紧围绕企业的核心竞争力进行经营管理，不利于提升企业核心竞争力的事，华为坚决不做。在一些与企业核心竞争力不相关的利益面前，华为必须禁得住诱惑。可以说，为了核心竞争力，华为在过去失去了很多机会与利益，但如果没有核心竞争力，华为将永久地失去发展的机会。对华为来讲，可选择的机会确实很多，但只有有所不为才能有所为，华为有所为的标准只有一条，就是不断提升公司的核心竞争力。有了核心竞争力，华为还可以干许许多多的事情，失去了核心竞争力，华为将一事无成。战略战略，只有有"略"，才有集中度，才会聚焦，才会有竞争力，才能"战"。

华为公司的成功，首先是因为在战略上紧紧围绕电子信息领域来发展，不受其他投资机会的诱惑，树立为客户提供一揽子解决问题的思想，

为客户提供产品和服务。在华为创业初期，除了智慧、热情、干劲，几乎一无所有。从创建到2010年，华为只做了一件事——通信网络技术的研究与开发，始终不为其他的诱惑所动，敢于将鸡蛋放在这一个篮子里，把活下去的希望全部集中到这一点上，发展到今天，逐渐把业务扩展到与通信相关的信息技术领域。高技术企业如果都去搞房地产、炒股票，多元化发展，最终只会把自己搞乱、搞垮。大家知道，深圳经历了两个泡沫经济时代，一个是房地产，一个是股票。而华为没有卷入这两个领域，而是始终认认真真地搞技术、做产品开发。房地产和股票热起来时，华为也有机会，但华为认为未来的世界是知识的世界，所以华为不能为其所动。

面向未来，华为公司仍然要坚持"针尖"发展战略不动摇，坚持有所为、有所不为的路线，不能让诱惑把公司从主航道上拖走，要聚焦主航道，紧紧围绕聚焦的产业来发展。

7.4.2 抓住核心，放开周边

华为不可能在所有领域都称霸世界，要有所为，有所不为，聚焦在战略方向上构建持续领先的优势。华为开发的很多产品和技术，实质上都是围绕核心技术和核心能力的，如果从事不熟悉或不拥有资源的领域，华为会非常危险。公司只要求拥有产品的核心技术，不能什么都做。

产品战略也一定要清晰，不能什么东西都要自己搞，要敢于放弃，只有懂得放弃，才能有明确的战略。市场需求大、成长性好、技术成熟的可以重点自研；市场需求小、成长性差、技术准备不成熟的可以放弃自研，考虑合作。有所为有所不为，集中精力打歼灭战，都是管理成熟的开始。

在研发中也要"抓大放小"，抓住重点，不能动摇。在研发立项的过程中，要用正态分布图分析法：在价值数值较高的阶段，一定要大量投入；在价值较低的尾线上，可以减少投入或与别人合作。如果大形势没有抓住，就会被一下甩出历史长河。对正态分布图上两边的尾线，也要投入力量，但应重点投入资金，而不是重点投入人力。

7.5 坚持在大平台上持久地大规模投入，从搭大船走向造大船

7.5.1 未来的竞争是平台的竞争

在技术日益趋同，客户需求日益多样化的今天，只有靠平台的支撑，才能更快速地满足新形势下的客户需求。所谓平台是指基于领域内统一架构的一组公共组件，由多个子系统有机集成，具有自我完善、深度满足产品业务动态需求的能力。平台可以提供基本的运行功能，在平台的公共组件上增加客户化的特性就能快速形成产品，满足客户的需求。好的平台能降低研发成本，提高研发效率，可以给产品带来质量好、成本低、交付周期短等优势。从长期来看，产品间的竞争归根结底在于平台的竞争。

华为要加大对平台的投入，构建明天的胜利。面向运营商、政企和消费者的三类解决方案都分别需要大的平台，只要有充足的利润，就要加大平台投入，超过竞争对手更多。只有平台在业界具备竞争力，才能持续支撑产品长期发展并持续取得商业成功。

华为能够后来居上，走上业界一流的道路，靠的就是平台战略。经过前20多年的默默耕耘和艰辛努力，华为已经初步建成了有竞争力的软硬件平台、工程能力、技术管理体系，奠定了百年教堂的平台基础。

未来，华为要继续坚持平台战略，持久地大规模投入，研究适应客户的各种需求，把握住客户的可靠性、节能环保、网络安全、可服务性等各种关键要素，构筑华为公司在新时期的竞争优势。当然，这个平台不仅指研发技术平台，也包括财务、供应链、交付等管理平台。这些平台建设者长期默默无闻的奉献，成就了华为的伟大。

7.5.2 要在平台建设上有更多的前瞻性，以构筑长期的胜利

一个产品不能完全从零做起，要有丰富的平台、CBB（共用基础模块）支持，要有强大的工程工艺能力和技术管理体系的支撑，使得产品的成本、质量、竞争力能在一个很好的平台体系上得到实施。建设一个优秀的平台，不可能在短时间内完成，需要不断积累、优化和完善，如果企业不在平台建设上长期投入，就会逐渐丧失竞争力，拉大与竞争对手的差距，不可能实现同步甚至超前于竞争对手推出产品的目标。因此华为一定要加大对平台的投入，在平台建设上有更多的前瞻性，确保竞争优势，以构筑长期的胜利。

没有一个优秀的平台，就跟不上客户需求的速度，无法保证产品的质量，也就无法及时开发出满足客户需要的、有市场竞争力的产品。而要做出优秀的平台，需要投入大量资源。

华为公司的管理体系，也要狠抓平台建设，提高公司竞争力。优质的管理平台建设好了，以后可以让这个平台的一部分独立出去，再"种"上有上升势头的产品，必将很快增值，华为终端业务的快速发展就证明了这一点。

华为在管理上花了非常多的钱，这个管理体系谁都带不走。外界认为华为出去的干部个体并不怎么有特色，其实他们在公司发挥的作用是依赖于华为公司这个大平台的。

7.5.3 从搭大船走向造大船

一个企业必须顺应技术发展的大趋势，顺应市场变化的大趋势，顺应社会发展的大趋势，才能避免出现大的风险。

华为在处于跟随者的领域，在选择新技术时，采取的策略是"搭大船"，跟着主潮流走。因为主潮流整合了成千上万个资源、要素，不仅内容多，而且成本低、风险小，能有效强化市场竞争力。

过去 10 多年，华为在移动通信技术上坚持以 3GPP（第三代合作伙伴计划）为大标准的路线不动摇，"搭大船，过大海"。坚持在大平台上持久地大规模投入，拒绝机会主义，拒绝了短视。要知道，全球 30 亿用户共用一张网，要保证不断地及时更新，满足客户需求，提供及时有效的服务，其技术支持的难度是难以想象的。华为坚信全 IP、全联接、有线无线合一的宽带化、智能化是未来的道路，敢于加大投入，敢于吸收有用的人才与华为一起奋斗，逐渐在 4G（第四代移动通信技术）和 5G 上取得了成功。

未来，华为要在领先的领域从"搭大船，傍大款"，走向"造大船，成大款"，构建起行业领导力。要在已有的大船里有所贡献，有所建树，也要与大款一起把船做得更大，一起更富有。同时也要参与面向未来的大船建设，自己成为大款，或与业界大款一起成为大款。在产业界应该有华为发起和主导的几个标准组织，而且要运行得很好，这是华为成为行业领导者应具备的能力。

7.6 坚持压强原则，力出一孔

7.6.1 坚持压强原则

大家知道，坦克在沼泽上可以通行无阻，但是一根针落到坚硬的地板上，地板却可能经不起由此产生的压强。就是说，公司要把资金投到一点上，压得死死的，就可能有所突破。

华为公司坚持压强政策，即集中公司全部力量于一点，在某一点、某一个面上取得较大的突破。为什么要坚持压强原则？这是由市场信任程度（即用户心理）和公司能力方面的"压强效应"决定的。AT&T（美国电话电报公司）具备生产个人计算机的能力，但如果他们的个人计算机产品推出来，肯定得不到用户的青睐。华为传输产品刚推向市场时，大家普遍认为，华为的传输产品不如武汉邮电研究院的好。即使华为的产品能得到承认，也需要公司投入大量的人力、物力、财力并经历很长一段时间，这就是人们信任程度方面的压强效应。一个公司，在一个领域，通常只有一个或少数几个强项，总的力量分布是只在极少的巅峰，不可能在每个方面都是力量均衡的。充分扬长避短，集中精力于自己的强项上，就会产生成倍增长的规模效应。

华为始终认为自己是一家能力有限的公司，通信市场是很大的，各方面都投入的话，公司肯定受不了。只有集中力量打歼灭战，把人力、物力、资金集中到一个点上，才能有所突破，在这个点上做到与外国公司同样的先进。这样才可能撕开一个口，撕开一个口就有市场，有市场赚了钱再加大投资，加大投资又会有更大的突破，有突破又会有更多的市场，这就能形成一个良性循环。如果华为的产品持续领先，又有很大的市场，华为就能将产品大量复制，这样成本就降下来了，利润就会增长，企业就有发展机遇。

在这个世界上，华为认为自己也不是什么了不起的公司，只要坚持活下来，对手倒下了，华为就强大了。所以不盲目做大，盲目铺开，而是聚焦于少量有价值的客户、有竞争力的产品，在这几个点上形成突破。好比战争中这个师承担主攻任务，就是要炸开城墙，那么打进城之后，也就是前进400米左右，这个师已经消耗得差不多了，接着后面还有两个师，从400米突进到一公里或两公里左右，接下来再进去三个师，攻城是这么攻的。所以华为在作战面上不需要铺得那么宽，还是要聚焦，取得突破。当一个点被突破的时候，这个胜利产生的榜样作用和示范作用是巨大的，把它在同一个行业复制，就可能有数倍的利润。所以说，华为要踏踏实实沿着有价值的点撕开口子，不断深入，而不要刚撕开一个口子，就赶快把这些兵调去另外一个口子，这样的话就是希特勒，想占领全世界，分兵多路，最后必然灭亡。

华为要成为行业领导者，就一定要加强战略集中度，在主航道、主战场上，在成功关键因素和选定的战略生长点上，以超过主要竞争对手的强度配置资源，要么不做，要做就要极大地集中人力、物力和财力，打歼灭战，实现重点突破。

华为做畅销产品也要用精兵强将，就是针对客户需求，以商业成功的价值来评价，当大的产品卖不动的时候，就要迅速调集兵力，去抢市场畅销的产品。比如华为抽调优秀的骨干员工和干部充实到消费者业务，使得华为手机从芯片、拍照、续航到质量都有大幅提升，成为爆款。

大公司与小公司的区别就在于：小公司灵活、响应快，可能会先发现市场和机会点，并抢到一定的利润；大公司庞大、反应慢，但一旦进军某一领域，就会利用自己的平台优势和规模优势，集中兵力突破，快速改变节奏，后发制人，有强大的能力覆盖市场。

面向未来，华为要继续执行针尖战略，坚持压强原则，加强创新投入，在万物互联的智能世界时代领先突破。在眼下这个百年未有之大变局中，华为一定要明确自己的战略，不要盲目地做大，更不要盲目地铺摊子，要收窄战略面，提高华为的全球竞争力。

7.6.2　力出一孔

水和空气是世界上最温柔的东西，但是，火箭升空可是靠空气推动的，燃料燃烧产生的气体，通过一个叫拉瓦尔喷管的小孔扩散，气流产生巨大推力，可以把人类送往太空。看似柔弱的水，一旦在高压下从一个小孔中喷出来，就可以用于切割钢板。可见力出一孔，其威力之大。华为是平凡的，公司的员工也是平凡的。过去华为的考核，由于重共性轻个性，不注意拉开适当的差距，挫伤了一部分努力创造的人的积极性，有许多优秀人才也流失了。但留下来的这些平凡的华为人，花了30多年，聚焦一个目标，持续奋斗，从没有动摇过，就如同从一个孔喷出来的水，才取得了今天这么大的成就。这就是力出一孔的威力。华为的聚焦战略，就是要提高在某一方面的世界竞争力，从而证明不需要什么背景，华为也可以进入世界强手之列。

力出一孔，意味着力量从一个孔出去才有力度。过去，华为的利出一孔做得比别人好，但是力出一孔做得不太好，研发的力量太分散，让竞争对手赶上来了。每一条产品线、每一个工程师都渴望成功，太多、太小的项目立项，力量一分散就会把整驾马车拉散。只有力出一孔，聚焦战略，加强向主航道的投入，提高主航道的能力，才能在主航道上拉开与竞争对手的差距。

如果华为能坚持"力出一孔，利出一孔"，下一个倒下的就不会是华为；如果公司违背了"力出一孔，利出一孔"的原则，下一个倒下的就可能是华为。历史上的大企业，一旦过了拐点，进入下滑通道，很少有重整成功的。华为不甘倒下，就要"克己复礼"，团结一心，努力奋斗。

瞄准战略重地，寻找战略机会点，集中战略力量，力出一孔，就能取得胜利。华为不在乎使用范弗里特弹药量，只要能炸开城墙，冲进去占领这个城市。不是说不该降低成本和提升质量，而是要看战略机会点，看谁更重要，一定要把战略力量集中在关键的突破口上，集中在主航道、主战场上。整个公司不能把战线拉得平平的，导致公司的能力也被拉平，什么城墙都攻不破。

华为只有在一个较窄的面上实现突破，才能走到世界前列。不能让诱惑把公司从主航道上拖走，走上横向发展的模式。这种多元化模式，不可能让公司在战略机遇期中抢占战略高地，抢占"无人区"，形成制高能力。华为对非主航道上的产品及经营单元，要求必须挣钱，通过上交高利润来抑制它的成长，避免它分散公司的人力。不赚钱的产品要压缩或关闭，战略领域的产品才给资源，给预算，不是战略领域的，必须向公司交钱。不能在非战略机会点上消耗公司的战略竞争力量。

7.7 在优先保证研发和市场投入的基础上均衡发展

7.7.1 高科技企业机会是大于成本的

高科技创新具有研发投入高、成功概率低、"机会窗"利润高的特性。业界平均研发经费为销售额的 6%，各个大公司的研发经费都在销售额的 10% 左右，以此创造机会。我国很多公司对机会的认识往往发生在机会出现之后，才做出正确判断，抓住机会并取得成功，华为在 20 世纪 90 年代也是这样。反观已经走到行业前列的世界著名公司，它们是靠研发创造出机会，引导消费的。它们在短时间席卷了"机会窗"的利润，又将其投入创造更大的机会，这是它们过去比华为发展快的根本原因。

当公司出现机会和成本的冲突时，是要机会还是要成本？华为一直认为应该首先要机会，因为对高科技企业来说，机会是大于成本的，只要抓住机会，成本的增长是可以理解和接受的，只要能保持发展所需的合理的利润率。

20 世纪 90 年代，华为抓住了高技术含量的程控交换机在中国的发展机会，紧跟世界先进技术水平，在开发上大量投入，使华为通信设备具有了世界一流的技术水平。近20年，又通过在移动通信技术上的高投入，使得移动通信产品逐渐领先，支撑了华为成为全球领先公司。

当前，互联网、人工智能、大数据、量子信息、生物技术等新一轮科技革命和产业变革正在积聚力量，催生大量新产业、新业态、新模式，给全球发展和人类生产生活带来翻天覆地的变化。华为面临的最重要的问题不是成本高低，而是能否抓住这些战略机会。抓住了战略机会，花多少钱都是胜利；抓不住战略机会，不花钱也是死亡。

企业的总目标就是销售收入、利润。华为要加大研发投入，研发投入如果有效，就增加了机会；市场加大投入，也有利于华为获得机会。华为要善于抓住机会，实现持续有效增长。

7.7.2 不投入就削弱了公司的核心竞争力

华为是一个技术公司，如果长期在研发经费投资牵引上完不成任务，公司的核心竞争力牵引速度就会减慢，实际上削弱了公司的核心竞争力。当年如果没有在移动通信技术方面的持续投入，华为就不可能从GSM（全球移动通信系统）到5G逐渐领先1~2年；如果不持续在交换机、接入网、光网络投入，就可能逐渐丧失这些产品的竞争优势；如果没有对芯片研发持续的投入，就不可能使得华为麒麟芯片从落后几代到赶上或超越，麒麟990已经是全球第一个采用7nm第二代EUV（极紫外光）制造工艺的芯片。因此，华为要紧跟这个时代的发展，不能不顾周围世界发生什么变化，要及时调整公司战略，加强对未来的投入。如果需要，还要加大投入比重。

不仅要每年完成对研发的投入，还要在建立一个科学合理的先进管理体系上加大投入。公司的一些部门（特别是事务性部门）不要随意扩张，但是也不要随便裁员，以免削弱自己的竞争实力。特别是在困难或市场冬天来临时,也要保持或加大投入,苦练内功。几年后,一旦市场出现转机,公司的干部已经培养好了,组织体系更有效,流程优化了,IT 也建立起来了,作战的方队调整到位了,这时扑上去就能撕开这个大口子,形成规模,与竞争对手拉开差距。

只有投入才能增强公司的核心竞争力,使公司赶超世界先进水平,逐渐走到领先行列。不投入,躺在功劳簿上吃老本,就会逐渐被竞争对手超越,丧失核心竞争力,公司就可能走向死亡。

7.7.3 加大投入来巩固和延长华为的先进性和独立性

要保持领先,必须加大投入,华为超大规模投入的指导思想就是要实现技术领先,扩大市场。要抓住机遇,靠研究开发的高投入获得技术领先的优势,通过大规模席卷式的营销在最短时间里获得规模经济的正反馈的良性循环,摆脱在低层次上的价格竞争,利用技术优势带来产品的高附加值,推动公司的高速发展和有效益的增长。

创业之初,华为就把它的使命锁定在通信网络技术的研究与开发上。华为把代理销售取得的点滴利润几乎全部集中到研究小型交换机上,利用压强原则,形成局部的突破,逐渐取得技术的领先并实现利润空间的扩大。技术的领先带来了"机会窗"利润,华为又将积累的利润投入到升级换代产品的研究开发中,如此周而复始,不断地改进和创新。不断地投入使华为一步一步前进,逐步达到了今天的世界先进水平。尽管今天华为的实力大大地增强了,但华为仍然要坚持压强原则,集中力量,只投入聚焦领域相关的基础理论研究和技术开发,从而形成自己的核心技术,扩大领先优势。

华为没有像朗讯等公司那样雄厚的基础研究实力,即使华为的产品更先进也是短暂的,如果不趁着暂时领先尽快抢占市场,加大投入,巩固和延长华为的先进性，一点点领先的优势就会失去。不努力，就会徒伤悲。

只有做到战略领先，华为公司才有机会生存发展下去；只有做到战略领先，别人才能只选择华为的产品，否则就会落后。世界上没有哪个市场进不去。

要更积极大胆地向纵深研究，没有对产业技术的深入探索和核心控制，就没有对产品与产业的控制力。在研发上，要加大战略投入，坚定不移地向下扎到根，不断突破和掌握底层材料和核心技术，不依赖任何单一国家或单一供应商，不被"卡脖子"，保障华为产品的供应连续性，彻底实现供应多元化。向上捅破天，更多投入基础研究和理论研究，要有理论突破和原创技术发明，以此来弥补从世界上买不到先进芯片和器件的困难，从产品与解决方案的创新更进一步，开创新的产业和新的商业模式，打造全球生态。

7.7.4 保证研发投入比例

华为能在国内外激烈的通信市场竞争中和与世界电信巨子的较量中脱颖而出的原因，除了坚持以客户需求为导向，拥有令人赞叹的产品可靠性记录以及质量好、服务好之外，最重要的是对研究开发的高度重视。

华为从一开始就坚持每年按销售收入的 10% 拨付研究经费，紧紧抓住战略发展机遇不放，追求在一定利润水平上的成长的最大化。华为深刻认识到，在电子信息产业中，要么成为领先者，要么被淘汰，没有第三条路可走，因此必须达到和保持高于行业平均的增长速度和主要竞争对手的增长速度，以吸引最优秀的人才，实现公司各种经营资源的最佳配置。只有持续加大研发投资力度，才能提高华为公司的核心竞争力，缩短与世界领先技术水平的差距。正是得益于长期坚持研发的投入，才使得华为在许多技术领域逐渐领先，在外界的巨大压力下赢得了客户的尊重和信任。

保证研发投入比例，保持适当的盈利水平是华为公司长期坚持的方针。合理消耗部分短期收益，加大投入，促进了华为长期竞争力的提升。面向未来，华为要保证甚至加大研发的投入比例。

7.7.5　研究投入的钱不允许挪作他用

在华为，研发包括开发和研究。开发是聚焦客户当前、短期需求和挑战的实现工作，是技术与工程、产品与解决方案的微创新，是确定性工作，不能乱花钱，要有计划、预算、核算和交付管理。研究是面向未来，长期的技术探索和理论突破，是不确定性工作，很难见到短期成果甚至可能失败，无法快速转化为当期销售和利润。不能因为研究无法获得短期收益，开发任务重、交付压力大，就占用研究资源。研究投入的钱不允许挪作他用，否则会逐渐消耗掉华为公司的技术储备和土壤肥力，华为就不能持续保持竞争力，长久地生存下去。

前20多年，华为给研究的定位是预算占研发投入的10%，要求不能多花，也不能少花钱。钱如果浪费也就浪费了，但不允许与其他产品开发投入混合起来。现在华为逐渐进入无人区，没有人领路，所以要加大前沿技术探索和基础理论研究，加大研究占研发费用的比例，未来还要逐步提高，希望能打破制约信息技术和通信技术发展的瓶颈，使华为继续保持领先，为人类社会做出更大贡献。

7.8　坚定不移的战略方向，灵活机动的战略战术

要想赢，要么在剑法上高于人，要么在盾牌上坚于人。如果剑不如

人，就要避免比剑，不要与人华山论剑。要做到盾比你坚，矛比你长，刀比你快，锤比你重，避其长，击其短。"生生之谓易"，"易"是指变化，强弱之间、胜败之间、优劣之间是随时随地随机变化的。当长则长，当短则短，长短结合，相得益彰。华为要有坚定不移的战略方向，也要有灵活机动的战略战术。所谓灵活机动的战略战术，就是随情况的变化而调整。要敢于胜利，也要善于改变，与时俱进，就一定能从胜利走向新的、更大的胜利。

7.8.1 用乌龟精神追上龙飞船

"乌龟精神"是指乌龟认定目标，心无旁骛，艰难前行，不投机、不取巧、不拐大弯，跟着客户需求一步一步地爬行。华为就是一只大乌龟，过去30年来经济高速增长，即使鲜花遍地，华为也没有东张西望，而是专心致志，艰苦奋斗；未来30年，经济危机未必会很快过去，四面没有鲜花，还东张西望什么？聚焦业务，简化管理，一心一意地"潇洒走一回"，即使前面跑着特斯拉那种"龙飞船"，也有可能超越。要像乌龟那样坚定不移往前走，不要纠结，不要攀附，坚信自己的价值观，坚持合理的发展，不要隔山羡慕那山的花。

一定要坚持自己的战略，坚持自己的价值观，坚持自己已经明晰的道路与方法，稳步前进。历史的马蹄声已经远去，现代的躁动也会平息，活下去才是胜利。华为公司要坚持跑马拉松，要具有马拉松精神，慢慢跑，要持续

盈利。互联网的特性是对标准化、数字化的内容传输的便利性和规模化，它促进实业在挖掘、消化信息后进行改进。在互联网时代，信息促进人类社会进步，促进实业、服务的进步，其意义不仅仅停留在互联网应用本身。华为手机只要做到高质量，能满足全球一部分人的需求，那么奋力销售就行了。与京东、阿里不一样的是，华为能控制交易质量，而且有一把知识产权大伞罩着全球市场。仅仅作为一个交易平台是有一定风险的，汽车首先必须是汽车，金融必须首先是金融，豆腐必须首先是豆腐……别的东西不能取代汽车，如果能取代，那就是阿拉伯飞毯。华为坚持30多年不动摇，才走到今天，其中的艰难只有华为人自己能体会。只要继续保持方向正确，有策略、有步骤地推进，不断改进自己存在的问题和缺点，认清自己是谁，坚持走自己的道路，就能成功，进而拥有未来。只要10年后华为还活着，就可以"一览众山小"！

  要发展一定要有战略耐性，要耐得住寂寞。要踏踏实实，控制欲望，控制合理发展速度，"鸡血"沸腾一定是犯错误的前兆。终端如果匆匆忙忙发展，可能因为一个零件问题，这批手机几十万部、几百万部出问题，就会毁了整个终端公司，有时很难再爬起来。不要因为某一年或某一款终端销售好就沾沾自喜，也不要因为被美国打压而丧失信心。销售额是为了实现利润需要的，不是奋斗的目标。如果终端没有黏性，量大而质不优，口口相传销量反而会跌下来。不要着急，慢慢来，坚持正确的道路不动摇，别让互联网引起自己发烧。

  耐着性子跑，坚持下去，总会跑赢。就像华为公司这只"乌龟"，没有别人跑得那样快，但坚持爬了30年，也爬到了行业世界领先位置。30年来，华为十几万人盯住一个城墙口，不断冲锋。近年来，华为每年投入1000多亿，继续轰击同一个口子，这种范弗里特式的密集攻击，终于使得华为在大数据传送上世界领先。因此只要坚持乌龟精神，就能追上"龙飞船"。

7.8.2　根据环境随时变化阵形

华为要学会在战略上舍弃，有舍才有得，只有略才会有战略。发起进攻的时候，如果发觉这个地方很难攻，久攻不下，可以把队伍调整到能攻得下的地方去，只需要占领世界的一部分，不要占领全世界。胶着在那儿，可能会错失一些未来可以拥有的战略机会。市场在变，营商环境在变，华为的营销与研发都要有灵活、机动的战略、战术。变则通，通则久。面对美国的持续压力，除了不受影响的产业要做大做强外，针对不同产品、不同国家要有不同的开发策略和营销策略。

搞开发就像打仗，要根据环境随时变化阵形。在传统的主力产品上，由于竞争激烈，不一定会持续盈利。绕开主流的差异化，往往会产生盈利。在经济发展的不同时期也应有不同的方法、不同的看法，不能千篇一律地用一个指标来衡量问题。加强合作，向核心收缩不能太猛，不能把所有边缘产品全部收缩掉；多元化也不能没有一个核心。华为要在变化中与时俱进，只要抓住客户需求，就能找到真理。

市场变化了，客户需求也变化了，华为的组织可以扁平一点。在攻克新技术时，有时候要核心收缩，使队形变得尖一些，增大压强，以期通过新技术获得更多市场。当新技术的引导作用减弱的时候，要使队形扁平化一些，多做一些有客户现实需求但技术不一定很难的产品，这就是产品的多元化。华为做什么，不做什么，采用这个队形，不采用那个队形，都不是绝对的，关键看形势。当年的抗大校训就是"坚定不移的政治方向，艰苦朴素的工作作风，灵活机动的战略战术"，华为既要有坚定不移的方向，又不能过分教条，战略队形和组织结构要随着环境变化进行调整。

7.9 领先半步成先进，领先三步成"先烈"

7.9.1 没有世界领先的技术就没有生存的余地

由于信息通信技术的飞速发展，ICT产业的技术换代周期越来越短，技术进步慢的公司可能市场占有率会很快萎缩。这就迫使所有的IT和CT设备制造商，必须世界领先。

没有世界领先的技术就没有竞争优势。华为作为一个直接和国外著名厂商竞争的高科技公司，没有世界领先的技术就没有生存的余地，会被客户抛弃。华为公司若不想消亡，就一定要有世界领先的思想和信念，落后就会被淘汰。

7.9.2 领先半步

在产品研发上，华为不能技术导向，一味追求技术领先，在公司的运作发展上，也要把握好自己的节奏。

日本的400G ATM（异步传输模式）交换机在香港投入使用时，华为公司的ATM项目实质上还没有启动，那时华为对这种异步传输模式认识得还不是很清楚。但是400G ATM在香港的发展结果如何呢？它领先了客户需求三步，成了"先烈"，先进产品死掉了。它没有过渡时期的产品，这种产品是符合当时客户需求的。华为填补了他们的空白，是他们把中国市场全部送给了华为，华为是在他们犯的错误的关怀和抚育下成长起来的。

超前太多的技术，当然也是人类的瑰宝，但往往以牺牲自己来完成。IT泡沫破灭的浪潮使世界损失了20万亿美元的财富。从统计分析结果可以看出，几乎没有一家公司是因为技术不先进而死掉的，而是产品技术先进到别人还无法对它完全理解和认可，以致没有人来买，产品卖不出去却消耗了大量的人力、物力、财力，最后丧失了竞争力。许多领导世界潮流的技术，虽然是万米赛跑的领跑者，却不一定是赢家，反而为"清洗盐碱地"和推广新技术付出了大量的成本。但是企业没有先进技术也不行。华为的观点是，在产品技术创新上，要保持技术领先，但只能领先竞争对手半步，领先三步就会成为"先烈"，要将技术导向战略转为客户需求导向战略。通过对客户需求的分析，提出解决方案，以这些解决方案引导开发出高质量、高增值、满足客户需求、有市场竞争力的产品。一味追求在技术上引领世界新潮流，是要成为"先烈"的。

光靠卖产品是称霸不了这个世界的，还是要靠质量好、服务好、价格低，优先满足客户需求。只有在客户需求真实产生的"机会窗"出现时，科学家的发明转化为产品，才能产生商业价值。今天光传输是信息社会最大的需求，而二三十年前，贝尔实验室最早发现波分，北电首先将其产业化，那时他们可是相关技术的领导者。北电的40G投入过早、过猛，遭遇了挫折。前车之鉴，是华为审慎的老师。

投入过早也会洗了商业的盐碱地，损耗本应聚焦突破的能量。华为对未来的投入策略是，在离我们有10亿光年的地方，至少投一个芝麻；离我们200光年的地方，投一个苹果；离我们5公里的地方，投入范弗里特弹药量。华为是商业组织，不能担负起人类的包袱，也承担不了引领世界的责任。华为的产品技术最多领先1～2年，最终目的是为客户创造价值，保证公司能生存发展下去。

第 8 章
以一定利润率水平的成长作为企业发展的评价标准

> 如何评价企业发展的好坏？发展方向是否正确，最终体现为能否保持稳定、合理的发展速度。华为公司追求的是在一定利润率水平上的持续成长，而不是利润最大化。衡量企业的发展，既要看短期收益，也要看企业的成长潜力。产品的覆盖率、占有率、增长率是考核企业发展的宏观经济指标。

8.1 追求在一定利润率水平上的持续成长

对高科技产业的扩张来说，机会和市场占有率永远是最重要的，为了提高市场占有率，有可能牺牲很多利润。因此高科技企业不能追求利润最大化，而应该看重持续有效的成长。

华为追求在一定利润率水平上的持续成长。按照公司的事业可持续发展的要求，设立每个时期的合理的利润率和利润目标，不单纯追求利润的最大化。利润最大化实际上就是榨干未来，伤害了公司的战略地位。要把成熟产业和新增产业的考核分开，建立新增产业在最初三五年的时间内，公司给予战略补贴，成长起来后再偿还的长效机制。不用一个成熟产业来扶植一个不成熟产业，扶植不成熟产业一定是由公司来扶植，而不是由哪一条产品线来扶植。因此一定利润率指标是指公司平均利润率，是华为公司活下去并能发展下去的底线。

华为的发展必须高于行业平均增长速度和行业主要竞争对手的增长速度。华为前 10 年每年以 100% 的增长速度发展，后来基数逐渐变大，速度逐渐放慢。那么应该以怎样的速度保持在业界的较高水平？特别是现在，华为体量已经非常大，在美国打压下，要保持一定的增长速度对华为公司来说是个非常大的挑战。通过保持增长速度，能给员工提供发展的机会；公司利润的增长，能给员工提供合理的报酬，这就能吸引更多的优秀人才加盟华为，从而实现资源的最佳配置，形成良性循环。保持合理的增长速度是华为成为全球领先企业的关键举措。只有保持合理的增长速度，华为才能永葆活力。

8.2 业务发展考核，一是考潜力增长，二是考当期贡献

一个企业必须要有自己的发展潜力，一定要在保持一定效益的基础上，全力扩张。没有短期的成功，就没有战略的基础。没有战略的远见，没有清晰的目标，短期努力就只是日复一日的重复劳动。衡量企业的发展，既要看短期收益，也要看企业的成长潜力。

公司发展不能只看当期财务指标，还要看中期和长期。当期看财务指标，中期看财务指标背后的能力提升，长期看格局以及商业生态环境的健康、产业的可持续发展等。商业成功永远是华为生命全流程应研究的问题。管理要权衡的基本问题是现在和未来、短期和长期。如果眼前的利益是以损害企业的长期利益，甚至危及企业的生存为代价而获得的，那就不能认为管理决策做出了正确的权衡和取舍，这种管理决策就是不负责任的。

商业活动的基本规律是等价交换，如果华为能够为客户提供及时、准确、优质、低成本的服务，也必然会获取合理的回报，这些回报有些表现为当期商业利益，有些表现为中长期商业利益，但最终都必须体现在公司的收入、利润、现金流等经营结果上。那些持续亏损的商业活动，是偏离和曲解了以客户为中心这一理念的。

长寿企业与一般企业在平衡长期与短期利益的时候有不同的原则，而不同的原则来源于对企业目的的认识。华为认为企业的目的是为客户创造价值，企业发展的目标是多产粮食和增加土地肥力。因此公司要根据产粮食多少来确定基本评价（用KPI），根据对土壤未来肥沃的改造程度来确定战略贡献。比如，根据销售收入与优质交付所产生的共同贡献拿薪酬包，若没有做出战略贡献则不能被提拔。衡量战略贡献可以有KPI，但要单列，战略KPI和销售收入KPI不能混为一谈。将来华为公司所有指标都要关注产粮食，关注战略指标。

华为公司对于整个研发的考核一是考核潜力的增长，二是考核对公司的当期贡献。潜力的增长是对未来或战略的贡献，当期的贡献就是收益，对整个大团队的考核必须兼顾这两方面。要均衡发展，今天不赚钱的项目也要加大投入，今天赚钱的项目要加大贡献。华为公司希望长远地生存下去，每年财务指标的好坏要关注，但更重要的是评价要从长远角度来考虑。

对于销售增长的考核，不能光看销售额，还要看大客户、主流客户的销售额及销售额比例的提升。优质客户和非优质客户要有考核权重的牵引，主流客户销售额权重也要提升，非主流客户销售额的权重要稍下降一点，两个统计指标要有差别，否则就老拿不下大客户。

产品的覆盖率、占有率、增长率是考核企业发展的宏观经济指标，产品最后体现出来的经济指标就是这三个指标，它们也是考察华为的管理是否有效的三个重要指标。制定 KPI 指标要围绕公司的战略和总目标来分解和贯彻，不能各部门孤立地去建立 KPI 指标。每个部门与产品的覆盖率、占有率、增长率都有一定的关系，在总目标的引导下将管理与服务目标分解，才能起到综合治理的作用。就如长江防洪，不能沿江七省各搞各的一样。

本篇小结

本篇阐述了华为产品发展的路标是客户需求导向的发展观，即华为对客户需求与技术之间的关系以及客户需求与业务发展之间的关系的根本看法，提出了华为发展的指导方针和管理原则。围绕为什么要坚持客户需求导向及其对华为的价值，如何深刻理解和掌握客户需求，如何以客户需求和技术创新驱动公司发展来展开论述，然后阐述了华为的发展指导方针，最后介绍了企业发展的评价标准。

1. 以客户需求为导向

企业生存发展的正确道路	以客户需求为导向指导战略选择
• 行业和华为的经验证明，不能走以技术为导向的道路 • 产品的路标不是自己画的，而是来自客户 • 技术是满足客户需求的工具和手段 • 产品的发展反对技术导向 • 要做工程商人 • 客户需求和技术双轮驱动构建未来	• 以最终客户（不仅是签约客户）为中心 • 利用华为的独特优势进入新领域 • 聚焦价值客户、价值区域和主流产品 • 优质资源向优质客户倾斜 • 围绕客户需求，开展产品和解决方案创新

中间：以客户需求为导向

2. 深刻理解和洞察客户需求

搞清楚客户和客户需求是什么

- 不同业务有不同客户，渠道不是客户
- 客户需求=问题+解决方案
- 客户需要的是商业解决方案
- 客户需要的解决方案必须低成本、高增值，且响应快

去粗取精
去伪存真
由此及彼
由表及里

如何理解客户需求

- 聚焦客户的痛点、困难、挑战和压力
- 客户需求中大多是最简单的功能
- 需求是变化的，要以发展的眼光来看待和把握需求
- 把握客户需求的关键要素
- 变个别客户需求为普遍的需求

3. 华为的发展指导方针

管理理念		开放、合作、创新	
发展方向		强调机会对公司发展的驱动	基于优势选择大市场
投资选择	有所不为才能有所为	从搭大船到造大船，大平台持久规模投入	坚持压强原则，力出一孔
战略与战术均衡与节奏	坚定不移的战略方向，灵活机动的战略战术	在优先保证研发和市场投入的基础上均衡发展	领先半步成先进，领先三步成"先烈"

4. 企业发展的评价标准

- 追求一定利润水平上的持续成长,保持合理的增长速度
- 兼顾当期贡献和潜力增长,均衡发展
- 以产品覆盖率、占有率、增长率作为企业发展的宏观经济指标

研讨主题清单

第一部分：需求与解决方案

专题 1：谁是华为的客户？

- CT 和 IT 业务的客户分别是谁？运营商业务的客户就是运营商吗？
- 渠道和客户有何异同？
- 如何理解客户与最终用户的关系？比如，儿童手机产品的客户是谁？

专题 2：如何找到真正的客户需求？

- 需求的来源有哪些？如何做到十六字方针（去粗取精，去伪存真，由此及彼，由表及里）？请结合具体案例说明。
- 客户说不清楚需求，该怎么办？苹果公司带给我们什么启示？
- 公司现有的需求管理模式能否适应从 CT 向 ICT 转型的要求？你有何建议？
- CT 业务和 IT 业务需求管理的主要差异是什么？给我们带来了什么挑战？

专题 3：客户需求越来越多，如何满足？

- 在同时面对多个客户需求，无法全部满足的情况下，该怎么办？
- 公司内上下游环节经常因为资源不足而导致对客户需求的争议，比如一线觉得研发越来越倾向于拒绝需求，而研发又觉得市场需求太多，甚至会夸大需求。如何保证客户的真正需求得到及时快速的满足？如何看待"会哭的孩子有奶吃"现象？
- 如何同时满足同一区域或国家的有竞争关系的客户的需求，把握好平衡？

第二部分：战略与创新

专题 1：仅仅客户需求导向能否支撑华为成为领导者？

- 仅仅客户需求导向能否支撑华为成为领导者？为什么？
- 以前华为强调要做工程商人，现在为什么说要以"工程师加科学家的创新"构建未来？
- 华为离领导者的距离有多远？与领导者相比，Top3 的差距是什么？

专题 2：互联网、云计算、人工智能的迅猛发展，给华为向 ICT 业务转型带来了哪些机会和挑战？

- 通信、IT、云等业务面临哪些主要挑战？存在哪些机遇？
- 华为聚焦万物互联，我们自身应该怎么做？

专题 3：如何应对颠覆式创新的挑战？

- 成熟企业倒下的主要原因是什么？华为能否避免进入"创新者的窘境"？
- 如何应对颠覆式创新可能带来的挑战？

第三篇

企业管理的目标是流程化组织建设

一个企业的内、外发展规律是否真正认识清楚，管理是否可以做到无为而治，这是需要华为一代又一代的优秀员工不断探索的问题。

　　未来企业间的竞争是管理的竞争。华为公司将来什么都不会剩下，留给人类的瑰宝就剩下管理。IPD、ISC、LTC、IFS（集成财经服务）等和绩效考核体系一样，都是管理方法论和流程，这些方法论和流程是看似无生命实则有生命的东西。它们的无生命体现在所有产品都会过时，会被淘汰，管理者也会更新换代，而企业文化和管理体系会代代相传；它们的有生命则在于，随着华为一代一代人的奋斗，管理体系会始终不停运作，不断成熟。管理就像长江一样，修好堤坝让水在里面自动地流，不管白天还是黑夜。水流到海里，蒸发成空气，雪落在青藏高原，又化成水，水流到长江，又流到海里，海水又蒸发。如此循环往复，大家就忘了岸上还有一个喊"逝者如斯夫"的"圣者"。这个"圣者"就是企业家。企业家个人在企业没有太大作用的时候就是这个企业最有生命力的时候。所以华为的宏观商业模式就是：产品发展的路标是客户需求导向，企业管理的目标是流程化组织建设。

　　华为要建立以客户为中心、以生存为底线的管理体系。这个体系是不依赖于资金、技术、人才的。管理体系的建设必须简单、实用、均衡。华为管理的方向和方法，就是建立能充分满足客户需求的一系列流程及流程化组织。流程必须简洁、通畅、高效。组织为了作战而存在并基于流程来分配责任、权力和资源，只有这样才能最有效运作，同时防止机构臃肿。

　　管理体系的建设必须与时俱进，随市场环境和公司战略的变化不断调整、优化、固化，持续改进。衡量管理是否进步，要看公司的核心竞争力是否持续提升，能否多产粮食和增加土地肥力。最终的目标一定是有合理利润，让华为一直生存下去。

第 9 章
未来的竞争是管理的竞争

> 互联网、大数据、云计算和人工智能的发展，带来了技术的爆发，管理的进步和创新，加快缩短了各企业之间的差距。华为认为，未来要战胜竞争对手不是靠人才，不是靠资金，也不是靠技术，而是要靠管理。因此，未来的竞争是管理的竞争，华为将努力在管理上与竞争对手拉开差距。
>
> 一个企业要么被历史淘汰，要么在历史中成为佼佼者。只有两条路，没有其他路可走。华为要想成为佼佼者，就必须在管理上不断进步。

9.1 企业间的竞争说穿了是管理的竞争

物竞天择，适者生存。IBM、微软为什么会成为业界巨头？其原因不仅体现在技术上，更体现在管理上。从某种意义上看，某些公司不比华为差，为什么没有发展起来？就是因为没有重视管理，或者说没有很好地管理。什么东西都是可以买来的，唯有管理是买不来的。未来要战胜竞争对手，靠的不是人才，不是资金，不是技术，而是管理，只有管理将它们整合到一起，才能形成力量。推动公司前进的最主要因素是机制和流程。华为与竞争对手比什么？比效率，比成本，看谁能多活一口气。没有优良的管理，就难以做到高效和低成本，难以保持超过竞争对手的速度。不能缩短与竞争对手的差距，最终客户就会抛弃华为。

企业缩小规模就会失去竞争力；扩大规模，不能有效管理，会面临死亡。管理是内部因素，是可以努力改善的。规模小，面对的都是外部因素，是客观规律，是不以人的意志为转移的，必然扛不住风暴。因此，只有加强管理，在这条"不归路"上，才有生存的基础。

在互联网时代，技术进步比较容易，而管理进步比较难，原因在于，管理的变革触及的都是人的利益。因此，企业间的竞争，说穿了是管理的竞争。华为公司未来的生存和发展靠的是管理进步。如果竞争对手不断地管理进步，而华为不改进的话，就必定衰亡。要想在竞争中保持活力，就要在管理上改进，首先要去除不必要的重复劳动；在监控有效的情况下，缩短流程，减少审批环节；要严格确定流程责任制，充分调动中下层承担责任，在职权范围内正确及时决策；把不能承担责任、不敢承担责任的干部调整到操作岗位上去，把明哲保身或技能不足的干部从管理岗位上换下来；要去除论资排辈的习气，把责任心、能力、品德以及人际沟通能力、团队组织协调能力等作为选拔干部的导向。

单靠技术壁垒取胜的时代很快就要转变为靠管理取胜的时代。如果华为在领先的几年中，占据非常大的市场，从而将成本摊薄，并在持续追求高质量的同时也能控制得住成本，这个市场就可能继续是华为的。这个成本并非单指产品本身的成本和制造成本，还包括运作成本。如果华为守不住市场规模，即使技术突破了，别人也是可以很快追上来的。

未来的挑战不是单纯体现在技术或产品上，而是主要表现在基础研究和创新优势方面，这些方面做得好不好，归根结底都取决于管理。将来的竞争，不单单是产品的比赛和市场的竞争，更是管理的竞争。商场就是战场，最后是综合实力和协同作战能力的较量。

9.2 企业从必然王国走向自由王国的关键是管理

西方的许多成功企业已经实现了企业家的更替不影响企业的发展。但对一些中国企业来说，一旦企业家没有了，随着他的生命结束，企业的生命也结束了。这就是说，有些企业的生命就是企业家的生命，企业家去世以后，这个企业就不存在了，因为他是企业之魂。一个企业的魂如果是企业家，这个企业就是最悲惨、最没有希望、最不可靠的企业。如果华为是银行，决不给它贷款。所以企业的生命一定不能是企业家的生命。有鉴于此，华为就要建立以客户为中心、以生存为底线的管理体系，而不是依赖于企业家个人的决策制度。

将来华为公司什么都不会剩下，最后只剩下管理。所有产品都会过时，会被淘汰，管理者也会更新换代，而企业文化和管理体系则会代代相传。因此，要重视企业管理体系建设，这样华为公司才会在奋斗中越来越强，越来越厉害。为什么公司要认真推IPD、ISC、LTC、IFS？就是在摆脱企业对个人的依赖，使要做的事，从输入到输出，直接端到端，简洁并有效贯通，尽可能减少组织层级和决策环节，使成本最低，效率最高。

要摆脱对人才、技术、资金的三个依赖，使企业从必然王国走向自由王国，关键是管理。必须建立起合理的管理机制，通过有效的管理构建起一个平台，使人才、技术和资金发挥出最大的潜能。

管理学上有一个观点："管理控制的最高境界就是不控制也能达到目标。"这实际上就是老子说的那句话："无为而无不为。"华为追求的目标就是使公司达到无为而无不为的境界。好像什么都没做，公司也能前进，这就是管理的最高境界。就像长江水一样，修好堤坝让水在里面自动地流，不需要管理层成天疲于奔命，就能自动地势不可挡地向大海奔去，不管白天和黑夜。水流到海里，蒸发成空气，雪落在青藏高原，又化成水，水再流入长江，汇入大海，海水又蒸发……如此周而复始，不断循环升华。"无为而无不为"体现的是不需要怎么管，事物都在前进，这依靠一种文化氛围和管理体系的推动。

资源是会枯竭的，唯有文化才会生生不息。这里的文化，不仅包含了知识、技术、管理、情操等，也包含了一切促进生产力发展的无形因素。

华为曾经是一个"英雄"创造历史的小公司，正逐渐演变为一个职业化管理的全球领先的公司。淡化英雄色彩，特别是淡化领导者、创业者们的个人色彩，是实现职业化管理的必经之路。只有管理职业化、流程化，才能真正提高一个大公司的运作效率，降低管理内耗。

一个企业的内、外发展规律是否真正认识清楚，管理是否可以做到无为而治，这是需要华为一代又一代的优秀员工不断探索的问题。只要华为人不断努力，就一定可以从必然王国走向自由王国。

9.3 没有管理，人才、技术、资金形不成力量；没有服务，管理没有方向

管理是企业永恒的主题，也是永恒的难题。没有管理，人才、技术、资金形不成力量；没有服务，管理没有方向。

人才、技术、资金都不是华为生死攸关的问题，这些都是可以引进的，而管理与服务是不可以照搬的。只有依靠全体员工去创造，去学

习先进的管理与服务理论，并与自身的实践紧密结合起来，从而形成华为自己的有效服务与管理体系，并畅行于全公司、全流程中，人才、技术、资金才能发挥作用。

规模是优势，规模优势的基础是管理，规模扩张的限制也是管理。大规模不可能自动地带来低成本，低成本是靠管理产生的。盲目地扩大规模是不正确的，扩大规模以后没有良好的管理，同样也不会出现低成本。管理跟不上，盲目扩张对公司是危险的。

华为要科学地掌握企业经营规律，更好地管理公司，以适应未来时代的发展。这是需要严格的数据、事实与理性分析的。不以此为基础，就谈不上科学，也谈不上管理，更不可能成为技术革命的弄潮儿。科学管理与创新并不矛盾，二者遵循的是同样的思维规律。创新的基础就是科学合理的管理。创新的目的是为客户创造价值，而管理的目的是更好地为客户服务。不为客户服务，管理就会迷失方向。

9.4 用规则的确定来对付结果的不确定

未来总是充满未知，扑朔迷离。华为逐渐走到"无人区"，没有人领航，未来风险处处存在，华为只能用规则的确定来对付结果的不确定。只有这样才能沉着冷静、积极应对，才能在发展中获得自由。什么叫规则？就是确定性，以确定性应对不确定性，用规则约束发展的边界和应对风险，减少人为犯错。

华为已建立起一套严格有序的管理制度，而且它是与时俱进的。这套制度的重要特性就是确定性，这是华为对市场规律和公司运作规律的认识。规律的变化是缓慢的，所以，华为要以确定性来应对任何不确定性。

华为为什么要搞 IFS 变革？实际上就是要做一件事情：建立一套机制

和流程，以规则的确定来对付结果的不确定。华为对公司未来的发展趋势实际上是不清楚的，也不可能非常清楚公司未来能走到哪一步，因为华为公司无法自己设计发展路线，整个社会的发展和环境的变化都会影响华为公司的发展，所以不可能理想主义地确定华为未来的结果是什么，但是可以确定一套在发展过程中应该遵循的规则，有了这套规则，公司就不会混乱，就可以用规则的确定来对付结果的不确定。

同样，在IPD、LTC等主干流程上，华为公司也要以规则的确定来对付结果的不确定，减少决策失误。

任何事物都有对立统一的两面，不能为了正确的结果而追求完美的规则，实际上这是不存在也做不到的。管理上的灰度，是华为的生命之树。

第10章
建立以客户为中心、以生存为底线的管理体系

企业的财富只有两样：一是企业的管理架构、流程与IT支撑的管理体系；二是对人的管理和激励机制。人是会走的，不走也会死的，而机制是没有生命的，这种无生命的管理体系，是未来千百年的巨大财富。企业的管理体系经过不断优化，会成为企业的无价之宝。只要企业不崩溃，其管理体系就会不断发挥作用。

管理是为业务发展服务的，华为的所有组织及工作的方向只要朝向客户需求，就永远不会迷航。华为建立以客户为中心、以生存为底线的管理体系，就是要摆脱对人、资金、技术的依赖，使公司走上长治久安之路。只有真正建立起现代企业管理体系，企业的一切努力才能获得成果，大规模产品创新才能带来商业成功，经验和知识才能得以积累和传承，企业才能真正实现站在巨人肩膀上的进步。

以客户为中心，华为的管理体系建设才能导向简单、实用、均衡。建立基本经营单元的计划、预算、核算体系，华为才能守住生存底线。加强授权、制衡和监管，落实流程责任制，华为才能做到无为而治。当这个管理体系规范运作并不断优化的时候，企业之魂就不再是企业家，而是变成了客户。客户是永远存在的，企业的魂就永远存在，华为就能一直存在下去。

10.1 所有组织及工作的方向只要朝向客户需求,就永远不会迷航

10.1.1 管理要为业务发展服务

华为公司所有的目标都是以客户需求为导向,充分满足客户需求以增强核心竞争力。公司的所有组织及工作的方向只要朝向客户需求,就永远不会迷航。

管理是为业务发展服务的,这里所说的业务指的是公司内一切为外部客户服务的业务。为客户服务的业务主导着公司的发展,这种业务的发展,也不是没有制约的,而是以财务的规范化服务与管理为监督,自动、实时地在流程中审视其规范性、合理性、必要性以及风险性,从而在服务的同时完成监督。华为公司的管理是以业务为主导、财务为监督的。

财务存在的目的,也是服务客户,这个客户也包括内部客户。同时,财务是为业务服务的,财务独立存在是没有价值、没有意义的。

要以满足客户需求确定目的,以目的驱使保障,一切为前线服务客户着想,就会使得与客户做生意的流程顺畅,管理高效。

10.1.2 建立以流程型和时效型为主导的管理体系

管理体系是企业建立方针和目标,并实现这些目标的若干个不同管理子系统(如研发管理系统、供应链管理系统、财经管理系统、质量管理系统等),集成在一起有效运作的一套系统或制度的总称。包括流程、组织结构、角色和职责、决策标准、运作机制与政策,还有指标、考核及奖惩机制和配套的 IT 支持系统等。

华为公司要建设以流程型和时效型为主导的管理体系。过去在流程上运作的干部,还习惯于事事都请示上级,这是不对的。已经有规定或者成

为惯例的东西，不必请示，应该快速让它通过。建立以流程型为主导的管理体系，就是要改变这种状况，建立对事情负责而不是对人负责的制度，明确各环节的要求、责任和权力。只有按流程各司其职，不事事请示，这样的制度才能摆脱对个人的依赖，也只有这样才能简化不必要确认的东西，减少管理中不必要、不重要的环节，使公司运作顺畅和高效。要在监控有效的条件下，尽力精简组织、简化流程、简化管理。所谓时效型，指管理体系要符合业务，符合华为当前实际，强调实用，并且要随着业务的发展和环境的变化不断调整、优化，才能支撑业务的高效运作。

建立以流程型和时效型为主导的管理体系，就是要建立不依赖于个人的管理制度，所有组织及工作才能导向为客户服务，不存在不增值的动作，多余的组织及人员、流程环节才能被裁掉，这样的管理体系才是简单、高效、低运作成本的。

10.2 确立流程责任制，才能做到无为而治

华为公司确立的是对事负责的流程责任制。公司把权力下放给最明白、最有责任心的人，让他们对流程进行例行管理。高层实行委员会制，把例外管理的权力下放给委员会，并不断地把例外管理转变为例行管理。在流程中设立若干合理的监控点，由相关组织不断执行监察控制。这样，华为公司才能做到无为而治。

有了流程之后，之所以有走不通的事情发生，就是因为按流程来运行后，很多人有权但不负责任。因此，建立全面的流程责任制，就是要求每个人都对自己承担的流程责任负责。纵向（直线）行政管理系统和横向流程系统交汇到责任点，在责任点岗位上的人员就是责任人。要沿流程授权，并通过各种考核，使得每个岗位上的员工都能承担起纵向行政和横向

流程责任，对责任结果负责。

有了流程并建立了流程责任制后，就要让业务像长江水那样遵循自然规律而奔腾，如果华为公司发展的水流到哪个部门都要部门领导去审查才能流动的话，就会形成堰塞湖，必然会造成公司管理效率的低下。因此，当水大到一定程度，形成洪水时，就要去特别管理，这是一种例外管理。出现例外管理时，要增设例外管理机构，建一条"胡志明小道"。在管理中也要存在一条"小道"，允许一些不符合流程但必不可少的业务流动，这才是科学合理的。流过一两次以后就要流程化、规范化，转变成例行流程。老是走小路，说明这个部门效率低，领导无能。任何一条河流，如果按等流量法设计，使各段河道在流量相同的情况下都一样宽，且匀速流动的话，这个流水就是最佳效益。这就是人工渠道的设计原理。

华为公司要使业务像江河水一样不断地自主流动并自我优化，不断地丰富与完善管理。不断地流，不断地优化，再不断地流，再不断地优化，循环不止，不断升华。当企业规模增大时，流量不断加大，管理不断自我完善。存在的问题，这次不被优化，下次流量再大时一定会暴露无遗，事后也会得到优化，再重新加入流程运行。慢慢地就淡化了企业家对企业的直接控制，那么企业家的更替或生命终结，就与企业的命运相分离了。这样就真正做到了无为而治。就像长江一样，无论你管不管它，都"不废江河万古流"。这种无为而治是华为公司追求的目标。

有了良好的流程还不够，更重要的在于使用和执行。业务部门的一把手要担负起流程的责任。在创业初期没有流程的时候，华为也打胜仗了，那是因为很多人即使没有流程也是担责的，如果华为有了完善的流程但是大家走过场，这是流程执行出了问题。因此要坚定不移地推行流程化建设，同时强化流程责任制。

要从流程遵从走向流程责任，业务主管和流程责任人要真正承担起流程规定的责任和监管职责。以前讲的流程遵从是，你顺着这个流程做就可以了。而流程责任制比流程遵从提升一步，你在这个地方签了字，出了事情就要承担责任。业务主管要对流程遵从及责任结果负责，要保障业务数据准确、及时、规范，并约束部门不作假；同时还要具备基本的财务管理能力，承担监管的责任。业务数据的不准确、不规范，都将导致无法形成正确的财务报告，使公司不能做出正确、科学的判断和决策，也无法基于事实进行持续改进。流程责任人要根据流程的使用效果不断改进和优化流程，使流程能支撑业务的发展并提高效率。

贯彻流程责任制就是要担负责任，出了问题要问责，但不能因此而保守、不履责。流程责任制就是要及时准确地提供服务和支持，追求的是产粮食，而不是没事故。公司追求火车跑得快，而不是为了不出事就不发车。

10.3 建立基本经营单元的计划、预算、核算体系

要建立基本经营单元的计划、预算、核算体系，只有这样才能控制公司人员盲目增长规模，守住华为生存底线。基本经营单元，包括各责任中心、产品线、地区部、代表处和每个项目。要健全各责任中心的成本、利润和资产的核算体系，不断改进核算方法和预算控制。把市场竞争压力无依赖地传递到各个责任中心，巩固公司的成本优势。要以产品线、地区部、代表处为基本单元，建立计划、预算、核算体系。目的是为地区部、代表处及产品线的作战服务，而不是为了给总部汇总一张财务报表。

计划、预算、核算不仅是财经管理的主要手段，而且是业务主管作战的重要工具，因此要将计划—预算—核算组织建立在产品线、地区部，使其真正成为各级业务主管作战的有效工具，并成为真实反映业务活动的晴

雨表。负责计划、预算工作的不能是一个独立的组织，要由业务和财务部门组成联合工作组，对经营活动中的各种指标进行分析与管理。公司强调计划、预算要聚焦于短期作战目标的制定和资源配置，要通过财务指标的分析和监控，实施精细化的经营管理。计划、预算的合理性通过核算进行评估，并根据评估结果不断进行优化，形成一套有价值的经验数据以指导日常分析工作。通过计划、预算、核算的精细化管理，实现对业务单位进行利润中心的管理，只有在这种管理机制下，全面与均衡的考核才能最终落实。

华为的经营考核按区域和产品线考核，不按项目考核。公司只考核这个区域要贡献多少总利润，但具体在这个项目上亏一点，在那个项目上多赚一点，就不需让公司做主，而是让区域灵活机动，这就是呼唤炮火。产品线也一样，如果认为这个地方是战略项目可以投入，由产品线自负盈亏平衡就行了。要逐步授权，公司设几条高压线，然后逐步让区域和产品线拥有自主作战的权力。要沿主干流程，加强对呼唤炮火的管理与核算，合理控制成本，提高作业质量，这是公司利润的基础。

项目是公司业务最基础的细胞，项目和客户是经营管理的基础。代表处经营管理真正的重心是项目和客户，应以项目、客户作为基础的核算单元。没有项目核算，系统部和代表处的经营管理都无法有效地开展。一旦项目和客户清楚了，系统部就清楚了；系统部清楚了，代表处、地区部以此为基础的核算也就都清楚了。

项目管理是公司管理进步的基础细胞，是公司最重要的一种管理。项目概算、预算、核算、决算是项目经营管理中的关键活动，概算是设计项目利润的过程，预算和核算是管理增收节支的过程，决算是传承经验的过程。项目四算拉通的服务对象是各类项目组，其价值在于支撑项目层面的经营管理。

核算是管理进步的重要标志，不算账就不能知道是否进步。首先要能核算到项目，然后核算到代表处，核算到地区部，核算到产品线。项目成本核算是各级组织优良管理的基础。华为公司的竞争力很强，是得益于以奋斗者为本的正确的管理哲学，但是公司的管理效率与业界最佳公司比还是很低的，还存在很大的改进空间。

人力资源体系和财务体系一定要把项目中的人的成本核算抓好。如果人头费不进项目，华为公司的管理进步就根本没有可能。所以，要加强计划、预算、核算对公司事业发展的引导性作用。

华为将来要实行项目全预算制和资源买卖机制。先提取空耗费用，因为公司把"电"传输过来是有损耗的，剩下的钱全在项目中。项目经理拿着钱去买炮弹（资源），供应链把炮弹卖给你，机关把服务卖给你。拿钱购买资源，不想要的东西就不会买，因为对项目来说是多余的，浪费钱。这样，项目就不会多要资源。现在资源中心及功能部门没有预算的压力，他们没有把资源卖到项目里面去的动力，这就是公司机关庞大的原因，所以要守住华为的生存底线、控制公司臃肿，就要从项目计划、预算、核算管理抓起。项目做完要核算，项目赚没赚钱，赚了多少，亏损了多少，这就是对项目经理和项目团队的评价之一。

10.4 管理体系建设的导向是简单、实用、均衡

公司发展的微观商业模式就是一部分有效和谐的方法论，完成企业管理诸元素从端到端、高质、快捷、有效的管理。

我们要用制度化来约束华为公司的发展，有制度化的监控来约束，并有了增强核心竞争力的目标，才能缩短与西方公司的差距。

——任正非

10.4.1 简单就是美

华为公司要建立什么样的管理体系？就是要一个最简单、最有效的体系。

流程必须是最简单、最实用的，而不是最完美的。世界是在变化的，永远没有精致完美，要反对精致完美，根本不可能存在完美，追求完美就会陷入低端的事务主义，越做越糊涂，让事情僵化。做得精致完美，就会全部是小脚女人，无法冲锋打仗。以前我们以为跳芭蕾的女孩苗条，其实她们是粗腿，很有力量，脚很大，是以大为美的。华为公司能够超越西方公司，就是不追求完美，不追求精致。

过多的流程控制点会降低运行效率，增加运作成本，滋生官僚主义及教条主义。当然，因内控需要而设置合理的流程控制点是必须的。

要坚决贯彻以客户为中心、以奋斗者为本的路线，逐步改革一切不符合这一路线的组织结构、流程、考核机制。新的时代，华为一定要减少组织的层级，推进功能综合与组织合并，实行大的行政部门管理制，以此减少协调，减少会议。要推动精简流程，减少流程节点，提高流程的运行速度与效率。也不允许随意更改制度流程，管理改进要秉持现实主义，尽可能简单；不允许仅仅为了追求管理的完美，而做太复杂的系统改进；不是所有的东西都要IT化，要简单实用。

管理并不复杂，都是由简单的事情组成的。不要对简单的东西不感兴趣，没兴趣你也要吃饭。即使是简单的工作也要做到底，那种热血沸腾又坐不住的人要从系统中出去，到社会上去。华为要的是那种像尼姑一样的人，一盏青灯，面壁十年，一定是大师，她在练内功。那种张扬、躁动的人华为不要。流程推行说起来像流水一样简单，从青藏高原流下来，到河里，再到海里，然后变成水蒸气升到空中，再化成雨雪又到青藏高原上，雪化了又流下来。所以，不能把复杂的事变得简单，孜孜不倦地埋头苦干的人就不要做流程简化和推行工作，那种充满了幻想的人应该到社会上去。有人说，这个人很聪明，总能想出很多点子，但华为需要的不是大点子而是小点子，那种只以目标和效果为导向且思维简单的人才，才是华为需要的人才。苹果是从树上垂直掉下来的，公司就是要这么个简单的结果，太宏大的事情反而没必要。华为的流程已经进入比较稳定的阶段，盲目创新或复杂化，就是对公司的破坏。

数据流量越来越大，华为公司也可能越来越大。公司可以越来越大，但公司的管理决不允许越来越复杂。大公司如果没有一个很好的管理体系，必然要切成很多小事业部，事业部之间资源不能共享，在大系统、大平台上很难有竞争力。大公司管理系统太复杂，就失去了存在的价值，所以一定要简单高效。

简单就是美，同样的事情做得最简单、同样的功能做得最简单，就是美。

10.4.2　机构设置的目的就是为了作战

华为公司所有的收益都来自增长，如果没有增长，就没有收益，公司就得吃老本，吃老本很危险。因此，组织变革减人不是最重要的，最重要的是增加战斗力。

华为所做的一切都是为了满足客户需要，公司的流程和组织要围绕这个目的来建设。要以作战需求为中心，后方平台（包括设在前线的非直接作战部队）要及时、准确、优质地满足前线的需求。

机构设置的目的是为了作战，不是为了好看。作战的目标是为了胜利，取得利润。瑞典的"瓦萨"号战舰，这里装饰，那里雕刻，为了好看还加盖了一层，结果出海被风一吹就沉没了。华为要汲取"瓦萨"号战舰沉没的教训。战舰的目的应该是作战，任何装饰都是多余的。

让组织更轻、更灵活，适应未来社会发展，是华为公司未来组织变革的奋斗目标。美国的军队变革值得借鉴。军队的作战单位已经开始从师变成旅，作战的能力却增强很多，而且美国还在变革，未来的方向是，作战有可能由旅直管营，去除团一级，还要缩小成排，甚至最小化到以班为作战单位。班长可能就是少将或少校。因为一个班的火力配置很强（巡航导弹、飞机、航母……），各种技能的士兵按需配置，就没有必要大部队作战，而是以班为单位进行合成作战。

未来的战争是"班长的战争"。这种灵活、轻便和高效的组织运作，其核心是在组织和系统支持下的任务式指挥，实现一线呼唤炮火。任务式指挥是通过授权和指导，支持敏捷且适应力强的下级指挥官在意图范围内发挥有纪律意识的主动性，用自己的方式最有效地实现上级指挥官的意图，完成任务。

将来华为的作战方式也应该是综合性、合成性的，在主航道组织中实行"班长的战争"。强调授权以后，要精化前方作战组织，缩小后方机构，加强战略机动部队的建设。划小作战单位，不是指分工很细，而是指通过配备先进武器和提供重型火力支持，使小团队的合成作战实力大大增强。大规模人员作战很笨重，缩小作战单位，更加灵活。华为的机关要转变职能，也要更综合，但决策人不能更多。非主航道组织要去矩阵化或弱矩阵化管理，简化组织管理。

过去 20 多年，华为一直采取中央集权的管理方式，由于火力不强，多采取集团冲锋、人海战术、近距离集中火力的作战方式。而今天，作战方式已经改变，必须抓住战略机会点。这 20 多年来华为通过向西方公司学习已经有了很大的进步，一线作战部队已不需要这么庞大。流程 IT 的支持，以及战略机动部门的建立，使公司未来能通过现代化的小单位作战部队在前方发现战略机会，迅速向后方请求强大火力，用现代化手段实施精准打击。

要实现"班长的战争"这种作战模式，打赢未来的战争，需要组织整体的改变。这不是班长一个人的战争，而是需要责任、权力、组织、资源、能力、流程和信息系统等多个组织管理要素的支撑。在责任分工方面，将战术指挥重心下沉到一线，高层和机关聚焦战略制定、方向把握及资源调配；在权力授予方面，行政管理和作战指挥权力分离，基于清晰的授权规则和下属的任务准备度进行合理授权；在组织配置方面，根据作战需要，模块化地剪裁和调整一线组织；在资源布局方面，战术资源贴近一线作战部队，战略资源集中布局，快速有效响应；在能力建设方面，以战略要求为主线，开展综合性能力建设；在流程运作方面，作战流程面对复杂多变、不确定的环境，要聚焦作战能力的实现，行政管理流程则需严谨全面。在信息系统支撑上，通过构建互通的信息环境，使各级指挥官能在任何时间、任何地点及时准确地获取到完成任务所需的信息，对作战环境形成共同的理解和正确的判断。

10.4.3 只要实用，不要优中选优

管理是企业永恒的主题和难题，管理是不是一定要找到一个最佳的形式？即使业界有，也不太可能直接拿别人公司的东西来用，拿来了也未必适用。什么是业界最佳？这个世界没有最佳，适合华为使用的东西就是最好的东西。

中国历史上失败的变革都是因为操之过急、展开面过大、过于僵化而导致的。华为公司30多年来，都是在不断改良中前进的，仅有一两次"跳变"。

华为不追求最科学。追求最科学就会教条，就会僵化。世界上的万事万物都是变化的，管理是不断改进的，也就没有最优。华为公司需要的是实用，只要觉得好用就行了。

在变革中，要抓住主要矛盾和矛盾的主要方面，要把握好方向，谋定而后动，要急用先行，不求完美，深入细致地做工作，切忌贪天功为己有的盲动。华为公司的管理，只要实用，不要优中选优。要抑制住想流芳千古的欲望，抑制住想光彩照到自己身上的渴望，因为这会扭曲华为公司的价值体系。光彩短暂，长时间不可能光彩。

10.4.4　均衡发展就是抓短木板

不均衡的组织结构，是低效率的运作结构。就像一个桶，装水多少取决于最短的一块木板一样，不均衡的地方就是管理的瓶颈。例如，华为初创时期处于饥寒交迫、等米下锅的状态，因此重视研发和销售以快速适应市场的做法是正确的。活不下去，哪来的科学管理？但是，随着创业初期过去，这种偏向并没有向科学合理转变，因为晋升到高层的干部多来自研发、销售，他们在处理问题、进行价值评价时，有不自觉的习惯倾向，使强的部门更强，弱的部门更弱，形成瓶颈。有时一些高层干部会指责计划与预算不准确，成本核算与控制没有进入项目，会计账目的分产品、分层、分区域、分项目的核算做得不好，现金流达不到先进水平……如果公司的价值评价体系不能使公司的组织均衡发展，做这些工作的部门缺乏优秀干部，就更不能实现同步的进步。别人不进步，就你自己进步，整个财务报表就不会好。这种不均衡不改变，华为的进步就是空话。

均衡发展就是抓短木板。在管理改进中，一定要强调改进最短的那一块木板。华为早些年从上到下都重视研发、销售，但不重视理货系统、中央收发系统、出纳系统、订单系统等很多系统，这些不被重视的系统就是短板，前面干得再好，后面发不出货，还是等于没干。华为公司一定要建立起统一的价值评价体系、统一的考评体系，才能使人员的内部流动和平衡成为可能。比如有人说我搞研发创新很厉害,但创新的价值如何体现?创新必须通过转化成商品,才能产生价值。重视技术、重视销售并没有错,但每一个链条都是很重要的。拿研发与服务来说,一个服务工程师可能要比同等级别的研发人员的综合处理能力还强一些。如果公司对售后服务体系不给予认同,那么这个体系就永远不是由优秀的人组成的,不是由优秀的人组成,就是高成本的组织。因为他飞过去修设备,去一趟修不好,再飞过去又修不好,又飞过去还修不好,公司把工资全都赞助给航空公司了。如果一次就能修好,甚至根本不用过去,用远程指导就能修好,将节省多少成本!因此,华为公司要强调均衡发展,不能老是强调某一方面。同时还要建立起一个均衡的考核评价体系,才能使全公司的短板变成长板,桶里装的水才会更多。

均衡是生产力的最有效形态。要坚持均衡的发展思想,加强研发、营销、生产、销售、服务、财经等管理系统的均衡建设,建立统一、合理、平衡、系统、科学的考绩评价制度,用考核牵引华为公司各项工作的均衡发展。通过持之以恒的改进,不断增强组织活力,不断提高华为的核心竞争力。均衡的目的是使华为能长期有效发展。

10.4.5 授权、制衡与监管

现代管理体系就是一种不信任体系,否则就没必要流程化、制度化,没必要加强监控,只是国际教科书上不这么提而已。虽然是不信任制度,但操作过程是以人为善的。世界上的人和事情是防不胜防的,但不能因为防而使企业整个流程运行不起来。

华为公司既要坚定不移地实行权力下放,同时也要有相应严格的制度制约。企业发展壮大要求权力进行不断的再分配,要不断地下放权力,这样才能产生更多的资源并对之充分利用。但是如果对下放的权力不实施制约，任其放纵自流，就会产生腐败。权力既要下放又要制约，这是一个辩证的矛盾。虽然权力在下放过程中可能会被某些不道德的人利用而犯错误，但权力仍要继续下放，要相信绝大多数干部的品质是好的。高薪不能养廉，要靠制度养廉。如果员工假积极一辈子，那就是真积极。他假积极，就是因为制度约束了他。虽然在制定流程的过程中难免存在经验不足的问题，但是如果不采取这种权力下放再制约的推动，华为公司就永远建立不起有效的管理体系。

在华为的管理体制里，中层不决策的情况还是很严重的，这跟西线的苏联红军是一样的，"二战"中苏联红军就是很多中层不决策，一定要等到斯大林的命令，敌人打到眼皮底下，打不打还要等命令，所以说苏联红军的教条主义和公司过去这么多年的情况很相似。中层不决策，也不承担责任，结果高层领导直接指挥到作战基层。高层领导因听不到炮响，他的指挥就会存在一定问题。公司管理采用的是集体负责制，决策原则是从贤不从众。这种建立在统一经营管理理念基础上的民主决策和权威管理的经营管理体制，有利于防止一长制的片面性，在重大问题上发挥集体智慧。这是华为公司成立30多年来没有摔大跟头的原因之一。重大战略问题关注的是一个很漫长的时期，高层的决策可能正确，但在攻取一个山头的问题上，高层未必比听到炮响的领导更正确，所以公司要把这个指挥权下放。

未来公司要逐步从中央集权式转向让听得见炮声的人来呼唤炮火，沿着流程授权来实现权力的下放，使前方组织有责、有权，后方组织赋能及监管，以此来摆脱中央集权的效率低下、机构臃肿的弊病，实现公司客户需求驱动的流程化组织建设的目标。

但在权力下放过程中，基层在用权时可能不会那么准确、科学和讲究方法，因此需要更多的监管。财经和审计等部门要在监管过程中对关键点不断进行抽查，建立威慑系统，从而保证大家能够更加科学地用权。比如，计划权力下放以后，计划被基层控制住了，有的代表处明明可以做到 36 亿，但为了给明年留余地，只上报 30 亿的计划，完全按计划来出力。这说明报表上完成率这个指标不科学。公司在高速发展过程中，一定要坚持流程化、职业化，一定要坚持在分权过程中加强监管，不然可能就乱了。一放就乱，一乱就收，收完再放，放了再乱，如果这样折腾几下，华为公司就完了。

有良好的监管机制，授权才不会造成混乱。对一线的授权主要是战斗的决定权，使他们及时、准确地组织冲锋与呼唤炮火。但对战果（合同生效、预算、核算等）的处置，因为事情已经不着急，可以在机关服务中进行二次处理。

公司贯彻以业务为主导、财务为监督的管理，指的就是公司内一切为外部客户服务的业务，主导着公司的发展，这种业务的发展也不是没有制约的，而是以财务的规范化服务与管理作为监督，自动、实时地在流程中审视其业务发展的规范性、合理性、必要性以及风险性，从而在服务的同时完成监督。

要在流程中明确角色的职责、权力和约束，承载质量、内控等要求，通过流程来完成监管。不能在流程中再搞一个监管部门，这会使得流程更复杂，出了问题，也不知问题出在哪里。加强监管，不应妨碍业务的快速运作。要通过建立流程责任制，由业务主管负责前端的流程责任，这占整个监管工作的 90% 以上，财务和监管部门只是点对点地建立"冷威慑"。同时要建立起问责制度和监管体系，明确谁来监管、监管的地位、监管的环节、监管的问责处置权。

公司的监督组织主要起监督作用，包括站在流程外看流程、抓内外合规管理、事前提醒和事后管理。

华为公司的内控与风险管理是"三层防线"：第一层防线，在业务运作中控制风险，是最重要的防线。公司 90% 以上的精力是要建好第一层防线，使其既有规范性，又有灵活性，没有灵活性就不能响应不同的客户服务需要。最终目的是要让业务主管承担起内控责任，比如经营责任人就是内控责任人，各个层级都应该这样。第二层防线，为第一层防线提供方法论，大量补充、循环和培养干部。第二层防线实际是帮助别人建立起正确的业务组织进行拉通管理，而不是对具体事情进行监管，干预业务太多自己会越做越大。第三层防线，通过审计调查，对风险和管控的结果进行独立评估和冷威慑。

公司在发展初期，不会冲锋，不会管理，让业务主管只关注产粮食，把监管的责任交给别人，这是不正确的。如果开个小饭店，饭店老板一定是最主要的监管者。为什么夫妻店的效率最高？就是老公炒菜，老婆收钱，反正都收在自己家里，放在纸盒子里，数不数都无所谓，这是效率最高的。但华为不能采用这种方式，因为公司的作业面太大，只能采取流程化管理，要求每个环节的流程责任人都要履行好监管责任，而不是说监管是审计部等其他部门的事。

要做好授权、制衡与监管，必须建立一个有效的管理体系，包括流程、数据、信息、权力等。通过有效授权、分权制约、适度监控、完善的流程、数据与 IT 支撑，实现及时、准确、优质、低成本交付。

10.5 通过无依赖的市场压力传递，使内部机制永远处于激活状态

华为创立 30 多年来，随着公司逐渐发展壮大，管理越来越成熟，抵抗经营风险的能力越来越强，公司组织逐渐趋于稳态。一旦奋斗意志减弱，组织的活力会下降，容易出现懈怠状态。因此，华为必须时刻保

持清醒，任何时候都不能放弃艰苦奋斗。要破釜沉舟，把危机意识和压力传递到每一个员工。通过无依赖的市场压力传递，使内部机制永远处于激活状态，组织永远充满活力。

早期的华为光传输产品，七八年来降价到了原来的 1/20。市场经济的过剩带来的"绞杀战"如同拧毛巾，只要能拧出水来，就说明还有竞争空间。如果毛巾拧断了，企业也就完了；如果毛巾拧干了还没断，就说明内部运作成本已经达到最低，这才是最佳状态。华为公司要始终追求达到并长久保持这个状态，保持长期的竞争力。

通过 30 多年的努力，华为将内部关系理顺了，使之充满了扩张的力量。实践证明，这不是限制公司的发展，也不是纵容公司的盲目扩张，而是管而不死，活而不乱，依规律、按流程做事。

面向未来，在被美国打压成为常态的情况下，华为公司必须与时俱进，共克时艰，坚定信念，砥砺前行。要不断改进，建设适应业务发展需要的开放、灵活、有效的管理体系，精兵简政，防止机构臃肿，克服大企业病，优化价值评价和价值分配体系。要不断开放合作，吸收宇宙能量，激发员工的内在潜能和创造力，使公司永远充满活力。

10.6 谈业务、流程、IT、质量、运营的关系

徐直军（华为轮值董事长）

华为明确了企业管理的目标是流程化组织建设。如何理解呢？我认为流程化组织建设的目标可以分解为：价值创造流程简洁高效、组织与流程匹配运作高效、管理体系集成高效、运营管理卓越、持续改进的质量文化与契约交付的项目文化已经形成。华为 20 年来的管理变革都在向这个目

标努力。为了实现流程化组织建设这个目标，华为在各级组织中建设了质量与运营组织，这是实现流程化组织建设的一个非常重要的举措。除此之外，还需要公司上下对业务、流程、IT、质量、运营等一些基本概念以及它们之间的关系有一个正确的认识，以指导我们正确地行动。

1. 业务流是客观存在的，所有和客户相关的业务流，天然是从客户到客户的

首先，引入业务流的概念：企业为实现价值创造，从输入客户要求开始，到交付产品及服务给客户，获得客户满意并实现企业自身价值的E2E（端到端）业务过程就是业务流。业务流是客观存在的，每家公司在设计自身业务流程时都要想办法找到真实合理的业务流，去适配这个业务流。

只要企业设定了战略，选择了业务模式，就确定了其业务流，不论是否用业务流程来描述和定义，业务流天然存在，所有业务部门都工作在业务流或者支撑业务流的活动中。条条大路通罗马，但总有一条是最近的。业界的研发流程经过这么多年的实践，经过优化和改进，大家现在的研发流程都是差不多的，没有什么区别。我们跟很多国外公司打交道，发现大家经过这么多年的实践，研发流程基本是一样的，没什么区别，大家都是通过实践，不断优化和改进，找到真实客观的业务流，然后围绕业务流客观地建设流程。

所有和客户相关的业务流，天然是从客户到客户的，我们围绕业务流开展工作的时候必须瞄准客户，以客户为中心。因为我们本来就是围绕客户创造业务价值的，不能脱离客户。

识别业务流非常关键，在流程、IT、质量与运营工作中，业务流是一切工作的原点和基础，紧紧地抓住业务流，就不会偏离工作的方向。流程描述的是业务流，IT承载和使能的是业务流，数据是业务流中流动的信息，质量要求依附于业务流，质量管理基于业务流，运营也是基于业务流开展的。

2. 流程是对业务流的一种表现方式，是对优秀作业实践的总结和固化，目的是为了不同团队执行流程时获得成功的可复制性，越符合业务流的流程就越顺畅

我讲两个案例。其一是我们的ITR（问题到解决）流程，以前根本不关注客户，所有的问题定级都是基于不同产品的不同问题来进行技术等级定级，结果相互吵架，吵得一塌糊涂，其实问题是从客户那里触发的，客户是最急的。我们不去关注问题对客户的影响，以对客户的影响来评价级别，而在内部吵。以前所有做过研发的都和GTS（全球技术服务）吵过（因为研发有这个考核指标）。

后来网上问题处理流程和IT系统最大的改变是：以客户对故障的定级来定级。客户很清楚其有多少用户被影响了。通过数量、时间、重要性三个要素来定级，根据这三个要素分几档，自动就定级了。然后所有的IT、所有的流程都围绕如何快速去知道网上发生的问题，快速解决网上的问题，所有内部考核的事情先放在一边。流程和IT系统先解决这个问题，然后能考核就考核一下，考核不了就算了。流程IT系统支持公司快速响应客户需求，知道网上发生的问题，升级上来，快速去解决，其他一切都要让位于这个目的。

其二是交付流程。原来进行LTC变革的时候，问交付流程要不要纳入LTC，我们认为自己的交付流程已经很好，只要在原来的基础上修改一下就可以了。当时交付流程成立的是一个优化项目，认为把原有的流程优化一下就可以了。后来项目组看我们的交付流程，越看越不对劲。第一次项目的Charter（任务书）和后来在3T（业务变革和IT管理团队）汇报的Charter面目截然不同，完全变了，发现其中我们的交付流程基本上

没有，只有一个项目管理流程和一个站点流程，没有交付流程，就相当于研发没有研发流程，只有一个研发项目管理流程。

后来终于搞明白了，交付流程要重新梳理。刚开始梳理的时候没找到方向，不知道交付流程到底该怎么搞。后来我有一次看到 T-MOBILE 自己的整个网络部署的端到端流程。我一看，发现这个流程和我们要的不是差不多吗？我们为何不以 T-MOBILE 的流程为参考呢？本来网络的部署是客户的事情，我们只是被他们调用的。一个客户从明确需求开始一直到网络交付运营，本来就是他们自己的事情，我们只是在他们的整个流程中完成其中一两个或者多个环节而已。所以我提出我们的交付流程要从运营商视角，从运营商自己的流程来看我们的流程。后来项目组再把德国电信的顾问请过来，真正从运营商视角来看客户从明确需求开始一直到运行维护保障的整个流程，基于运营商视角来设计交付流程才理顺。对于欧洲运营商，我们的交付只是运营商整个网络部署流程里的一个环节。而对于发展中国家的运营商，他们缺乏端到端的整个流程，那我们就需多做几个环节。

这些应该业务主管最清楚，流程 IT 部是搞不清楚的。流程是对业务流的一种表现方式。越符合业务流的流程越顺畅。如果流程恰好符合业务流，就不应该再去简化流程。业务流客观存在 5 个环节，你一定要缩减到 3 个环节，或者硬要人为地搞成 7 个环节，那它一定要回到它的 5 个环节。所以流程要真实地表现客观存在的业务流。它跟客观存在的业务流越接近，流程就越畅通，越精简，越能体现真实。如果流程与客观业务流背道而驰，不搞流程反而好，要搞全是多余的。像我们以前的网上问题处理流程就是多的，全是内部吵架，全是为了内部管理。我们要把真实的业务流理解得越来越透才行。

另外，以前我们把流程和部门捆死，使得我们很被动：部门说改就改，部门一改就得改流程。我们现在流程设计的新思路是，在流程里看不到部门，不与组织直接挂钩，在流程里只定义角色，组织要来承载流程角色。我们强调流程决定组织，就是组织首先要承载流程里面定义的各个角色要履行的职责。同时，组织不能跨在两段流程上，不要把组织承载的流程搞成这边一段，那边一段，要么就一段，要么就两段，不要搞成一边一段。

3. 数据是在流程中跑的信息，IT是用技术手段来固化流程

理解了业务流和流程，再谈谈数据。在流程、IT、质量与运营工作中，数据是非常关键的。在业务流中流动的是信息，信息的载体即数据，数据包括结构化数据和非结构化数据，数据即业务流各作业活动的输入与输出。对于每个作业环节来说，其作业的输出需要满足下游的需要，如果一个作业活动没有输出下游需要的数据，那么这个活动就相当于白做了，因为没有达到该环节的质量要求，下游为了补救需要花费更大的代价。理想的境界是每个作业环节匹配其独特价值，输出下游需要的刚刚好的信息，不冗余，不缺失，满足该作业环节的质量要求。IPD变革进行了20多年，有力地支撑了公司的发展壮大，但是在早期对数据的关注不够，没有系统梳理产品的信息架构和数据的标准，也没有对业务流中的数据流进行系统梳理，从而基于梳理的数据来定义IPD流程各环节的交付件和数据，也没有基于数据流的梳理来定义IPD领域的IT应用架构和接口，导致前期IPD领域的IT和工具建设非常凌乱，不集成。IPD的经验与教训告诉我们，对业务流中信息的梳理是流程定义的前提，是IT应用架构定义的基础，也是IT系统开发的前提，主干流程集成贯通，本质上是数据的集成贯通。数据管理在流程与IT中处于最核心的位置，因此需要对数据给予足够的重视。

数据是在流程中跑的信息。工作中常见的现象是，信息的入口没管

起来，导致进到流程中的是一堆没用的东西。流程是通的，但因为里面的东西没有价值，所以流程也是没用的。信息很关键，一定要把住入口，确保源头数据的真实和质量。

除了流程贯通需要关注数据外，数据还是公司经营管理的基础，基础数据不准确，则各种经营管理所需要的报告数据也不准确，不能准确地反映业务实质，无法有效地指导经营管理。数据也是公司的核心资产，通过对数据宝矿进行挖掘可以进一步产生更多价值。

IT是什么？IT就是承载业务作业流程并实现业务数据自动传递和集成的使能器。IT承载的是业务流以及数据，支撑每一个作业以及作业输出的数据，通过IT实现数据之间的集成和流程的自动化，而不需要依靠人来输入和转换数据，因为人是会犯错误的，而IT系统不会，而且效率比人高。因此，流程化的组织建设的最高境界就是端到端的整个业务流全由IT支撑，使所有的作业、所有的数据都被IT承载，而且从前到后都是集成和自动化的。

IT是用技术手段把流程承载起来，是用技术手段来固化流程，提升流程的运作效率。在IT中跑的是固化的流程，本质上跑的是业务。没有IT支撑的流程容易成为一堆纸，难以执行。

当然不是所有流程都要借助IT，只有用的人多、有效率问题的流程才用IT。如果只是一个部门二三十个人在用，也不一定要借助IT。

4. 质量的定义就是符合要求，质量要求必须构筑在流程中。内控、信息安全、网络安全是特定形式的质量要求

质量管理大师菲利普·克罗斯比说，质量的定义就是符合要求。任何业务都是要追求质量的，质量要求必须跟随业务流构筑在流程中。为了让每个环节的交付能够刚刚好地满足下游的要求，就需要定义每个作业环节的输入与输出交付件及其质量要求，并基于质量管理的方法，确保每个作业环节达成质量要求。质量管理包括质量策划、质量控制、质量改进，质量策划致力于策划如何达成质量要求，质量控制致力于确保达成质量要求，质量改进致力于如何更好地达成质量要求。为了让每个作业环节知道其作业的质量要求，需要定义质量标准及Checklist（检查表）。同时需要建设并积累支撑该作业环节达成交付要求的工具、方法、指导书等使能内容，这些属于支撑作业环节达成交付要求（交付要求属于What）的How to do（如何做）部分。

质量分为过程质量和结果质量，过程质量如果不构筑在流程中，把业务都跑完了，质量单独在外面存在是不可能的。质量要求也好，质量标准也好，我们要构筑在流程里面，过程质量也有要求和标准，能够得到保证。过程质量有保证才能确保结果质量。基于过程质量的管理能带来结果质量，追求结果质量迫使我们从源头来管控过程质量。

内控是内部要求，目的是防止腐败，控制风险。我们最早搞内控的时候，把内控和流程分离。内控在这边搞得热火朝天，流程在那边搞得热火朝天，后来发现存在问题，就把两者合并了。内控就是我们公司内部要求的风险管理和防腐败。本质上就是两个点：一个叫职责分离，目的是防腐败和财务风险；另一个是关键控制点，在关键控制点要有控制要素和控制程序。内控也必须构筑在流程中。内控若在流程外，不在流程里，是不可行的。我们原来支撑流程建设的是流程部，支撑内控建设的是内控部，两个部门各行其是。后来发现问题后，我们把流程建设部和内控建设部合并。至于SACA（半年度控制评估）、Compliance Test（遵从性测试）干什么？就是跟质量管理一样，看流程执行到关键控制点和需SOD（职责分离）的时候是否按流程内控要求遵从了。

信息安全是内部管理要求，是围绕核心资产进行的管理和保护。核心信息资产产生于哪里？产生于业务流程中。所以信息安全也要构筑在流程中。以前的信息安全管理是修万里长城，修了好多年，防不胜防，发了100多个文件。后来发布了EMT（经营管理团队）决议，把信息安全的管理思路调转了180度，要求不要到处防，不要去修万里长城，首先只防核心资产。要防核心资产，首先要把核心资产识别出来，只有识别出来了才好进行保护，要识别出来并很好地保护，还是得基于流程。

信息安全部转变观念，不修万里长城了，把100多个信息安全的文件清得快没了，这也是大家感觉好点了的原因。

同时把信息安全和共享两个职责都放到信息安全部，要求既要抓信息安全，也要抓信息共享，信息安全部的考核指标既有信息安全，又有共享，这样就好多了。现在到各个部门去看，很少有人反馈说搞信息安全搞得什么都看不到。既然不是核心资产就通通共享，是核心资产就在核心资产保护的环境下也共享起来。通过考核共享率避免了极端做法，这样就合理多了。要把信息安全构筑在流程中，流程走到哪里，核心信息资产就定义到哪里，保护到哪里。核心资产怎么定义？由业务部门来定义，基于流程来定义。

网络安全也是一样的。我们强调的是，产品在各个流程中要具备保证网络安全的能力，要有防御能力。

5. 运营是瞄准业务目标，周而复始地沿着流程转，通过持续、周期性的业务运营管理活动，达成业务目标

前面讨论了流程、IT、数据与质量，下面再谈谈运营。所谓运营，就是指业务运行过程中的连续性循环活动，运营的目标是为利益关系者创造价值。说得直白一点，运营就是流程和管理体系运行的过程，没有运营，流程和管理体系就是死的（静止的），企业的价值创造就无法实现，也就无法实现业务目标。因此，在一个企业中，运营无处不在，大到整个企业

的运营，小到一个基层组织的运营。运营管理就是对运营过程的计划、组织、实施和控制，运营管理的对象包括业务流程（如 IPD、LTC）和管理系统，运营管理的实质就是通过对运营过程和运营系统的有效管理，实现投入产出的最大化，因此其关注的目标包括：质量、成本、费用、效率/效益、周期/速度、柔性、客户满意等，最终支撑企业的商业成功。

在一个企业中，战略规划流程 DSTE（开发战略到执行）是处于最顶层的流程，它将战略规划、业务规划、财经、HR（人力资源）、流程与 IT 围绕从战略到执行进行有机的集成，以实现组织的业务目标。围绕DSTE 开展运营管理以实现组织的业务目标是运营管理中最重要的部分，也可以称为绩效运营管理。基于 DSTE 开展运营管理以实现组织的业务目标的基础是基于各业务流程开展的运营管理，如基于 IPD、LTC、ITR 等流程的运营管理，如在 LTC 下开展的项目、项目群、项目组合的运营管理等，以实现每个项目、项目群的业务目标。在谈不同范围的运营时，可以在运营前面加定语以区分，如项目运营管理、销售运营管理、营销运营管理、知识运营管理、客户满意运营管理等，在很多情况下也可以将运营省略，如销售管理、项目管理、质量管理、客户满意管理、知识管理等，这些管理活动本身就是运营管理的一个组成部分。

如果不沿着流程转就不是运营，我们的 IPD 体系，在运营这部分是搞清楚了、理解透了的，我们所有的业务都是在流程里转。但我们在区域实际上没有达成共识，区域有商务管理、销售管理、交付管理、流程管理。销售管理不就是围绕销售流程转的吗？商务管理不就是管合同质量的吗？在产品线里这些都是合并的。只要是围绕流程转的，就需有相应的支撑组织，我们的运营组织要全在运营里面，核心是要遵从流程才能转得起来。

遵从流程后，如果发现和业务场景不匹配，作为主管，在自己授权范围内的，就直接优化好；在自己授权范围外，明显看到流程有问题，与业务场景不匹配的，就要去推动优化。当然要先遵从流程之后再提出流程的问题，如果都没有遵从流程就说流程有问题，那是空谈。如果有人对我说流程有问题，我会问他哪个流程有问题。华为公司有问题的流程很多，你要告诉我哪个流程有问题。只有遵从过流程，围着流程转过的人才知道问题在哪里，如果不遵从就不可能知道流程有问题，不可能推动和优化流程。你转都没转过怎么知道问题在哪里？

这就是运营，它有几个目的：一个是沿着流程周而复始地转，其次是在遵从过程中发现有问题时解决问题或推动问题解决。如果我们真的不是流程的奴隶，而是流程的主人的话，我们会去关注流程到底怎样，关注流程是否符合业务场景，关注我们的流程遵从以后还有什么问题，那我们公司流程遵从和流程优化的土壤就改善了。

6. 流程确定角色，组织承载角色，流程与组织匹配才能运作高效

下面再谈一下我对组织设计与流程的匹配的一些理解。在流程与组织变革中，需要遵循如下过程：第一个路径是从战略出发，基于战略设计所选择的业务模式，确定主业务流，并识别业务流的关键能力，基于关键能力的差距和优先级确定变革的规划，基于变革，进行流程设计，并基于组织设计原则完成组织设计和流程的匹配。从一个企业的组织与流程架构设计来看，理想的设计应该是：从水平来看，每个流程在各 Business（业务）组织间能实现全球一致性；从垂直看，每个 Business 组织能实现各业务流程的有机集成。主业务流程是直接为客户创造价值的流程，所有组织要么必须工作在主业务流程中，要么支撑好主业务流程为客户创造价值，否则就是多余的组织。各职能组织如何参与和支撑呢？项目化运作是最有效的方式。事实上，任何 Business 组织都是通过一个个项目/群来实现其经营目标的，项目就是最基础的管理单元，执行主业务流程的是项目/群，而

各种组合管理通过组合设计、取舍以及优先级排序，以满足客户需求并实现资源投入产出的最大化。因此，各职能组织都需要参与到执行主业务流程的跨功能部门项目中，为客户创造价值。

各职能组织的设计，需要基于如下核心理念：每个职能组织都要对端到端结果负责，而不是段到段，各组织之间不是接力赛，而是类似足球赛，共同参与项目，通过项目组的跨职能组织的运作，一起执行主业务流，以实现业务目标。为了让各职能领域有一个其执行的端到端的完整的流程视图，可以引入 Discipline（专业领域）的概念，对于每个专业领域，其对应于人力资源的一个职类（如软件、硬件）也可对应一个职能部门。流程定义 What，Discipline 定义 How to do，Discipline 的建设可以授权给各职能部门进行。因此，流程的授权可以分两个维度，一个是基于经营组织的划分进行主业务流的授权，另外一个是基于 Discipline 的划分对各职能组织进行授权。

7. 业务主管是流程的责任人，顾问公司和流程 IT 部提供流程专家，以顾问形式提供专业服务

以前代表处向任总汇报，反映流程太长，流程有问题，他首先骂的是流程 IT 部，因此流程 IT 部老是挨批。最近我们已经讨论清楚了流程的责任人是业务主管，于是我向任总建议，他若再看到哪个流程有问题，就给业务部门主管直接打个电话，骂这个业务部门的主管。既然我们定义了流程的责任人是业务主管，那以后出了问题首先应该找业务主管。流程 IT 部不可能单独开发一个流程出来让大家用，只有业务部门与流程 IT 部一起开发出来的流程才有可能用，业务部门才有可能执行。我们已经明确了业务流程的责任人是业务主管，那以后流程有问题就要找业务主管解决。

我们强调流程要业务部门来主导设计，为什么还要有流程 IT 部门和顾问公司呢？是因为我们对业务的理解还存在片面性。我们怎么理解自己的业务？就是我们自己做了什么，我们的职责就是什么。

我们在梳理政府事务流程时发现，政府事务部仅把自己原来怎么做的变成了自己的流程。后来我们请IBM做顾问后，发现整个政府事务部应负责的事情还缺70%～80%。我们在顾问的帮助下把业务框架搭起来后，才发现好多工作都没做。原来法务也是这样的，我们的法务只管诉讼，不管预防。由于各级业务主管的视角还只聚焦在做了什么，理解到了什么，想到了什么，很难考虑全面，因此我们需要顾问公司。顾问公司和其他公司做过类似的事情，他们知道别的公司有哪些环节，可以给我们一个Benchmark（标杆），建议我们是否需要考虑这些环节，并给些建议方案。

流程IT部门干什么呢？流程IT部门的专家可以指导业务部门在流程上该怎么设计，怎么表现，以及流程建设上的注意事项。

我们做变革也好，做流程优化也好，应该是业务部门、流程IT部门、顾问三者的结合，这种结合是很有价值的。但是我们强调，起主导作用的应该是业务部门，只有业务部门自己愿意做，做好了才愿意推行，推行了有问题才愿意去面对去优化。否则，强加一个流程给业务部门，业务部门不可能推行，也许只可能反对，只要有一点点困难，就会指责流程。

最后，核心的核心还是要问我们自己：我们到底是流程的奴隶还是流程的主人？如果我们要做流程的主人，那么流程就不是身外之物，不是被动要求的，我们就会主动建设、优化和推行流程。同时，也只有正确理解业务流、流程、IT、质量、运营之间的关系，才能更有效地建设流程、遵从流程，在流程中构筑质量，并通过IT固化流程，有效落实企业管理的目的是流程化组织建设。

（首发于2013年华为《管理优化》421期，2021年作者修改后授权本书发表）

第 11 章
从端到端，以最简单、最有效的方式实现流程贯通

> 管理的目的就是从端到端，以最简单、最有效的方式实现流程贯通。这个端到端，就是从客户的需求端来，到准确及时地满足客户需求端去。这是我们的生命线，只要我们能认识到这个真理，华为就可以长久生存下去。内部管理是为及时、准确实现客户需求服务的，这是我们内部管理改革的宗旨和基础。背离这个宗旨和基础的，有可能陷入繁琐哲学。
>
> 当我们真正实现全流程贯通后，结果应该是简化管理、减少编制、操作更加及时准确，也意味着我们的利润会增长。
>
> ——任正非

11.1 建立流程的目的就是要提高公司效率

流程不是今天才有的，秦始皇的时候就有了。秦始皇修了路，还挖了运河，那就是流程。流程说的是做事有一个自然的先后顺序，对企业来说，流程是对业务流的一种表现方式，是成功经验的总结和优秀作业实践的固化，目的是使不同团队执行流程时规范、有序，获得成功的可复制性和质量保证。业务不同，客观反映业务流的流程也应该不同，越符合业务

本质的流程就越顺畅。

流程是企业为客户创造价值、实现企业商业目标而形成的一套规则和机制，是为规范业务运作和提高运作效率服务的，不能为了流程而建流程。流程有三个主要作用：一是正确及时交付，二是赚到钱，三是没有腐败。为了实现这三个目标，流程越简单越好，多余的流程和环节应该去掉。

要简化流程和环节，流程梳理和优化要倒过来做，以终为始。就是以业务需求确定目的，识别流程是否为业务所需；以业务目的确定流程设计理念，识别哪些环节是必要的，符合客观实际的，哪些控制点是必要的，不然会影响流程的简洁和效率。以目的为驱动，一切为业务着想，华为就能建立适合的流程，设置合理的流程环节和控制点，从而精简不增值的流程和环节，精简不必要的人员，使得流程简洁，运作顺畅和高效。

建设和优化流程，还要站在客户的角度、全局的角度来考虑，重点放到全流程、全生命周期降成本、提高效率上来，真正实现流程高效、简单、增值和低成本。整个华为公司的流程体系，要简单、高效、协调、集成，以提升公司的核心竞争力。

11.2 坚决把流程端到端打通

端到端流程是指从客户需求端出发，到满足客户需求端去，提供端到端服务，端到端的输入端是市场，输出端也是市场。所有和客户相关的业务流，天然是从客户到客户的，这个端到端必须非常快捷、非常有效，中间没有水库，没有三峡，流动顺畅。

华为是一个包括核心制造业在内的高技术企业，最主要的业务流包括研发、供应、销售和服务。围绕这些业务流，要实行端到端、全流程贯通，使客户与华为做生意更加顺畅、方便。华为的最终生存目标就是从客户手上拿到订单，然后向客户快速、优质地履行所有的承诺。

只有完成端到端的体系建设和打通，才可以提高效率，降低成本，快速满足客户需求。华为公司进行 IPD、ISC、LTC、ITR 变革的目的之一，就是实现这些流程端到端打通，使业务运作更简单顺畅。

任何时候，做任何事情必须有端到端的视野。不管是流程设计还是推行，都必须站在公司角度，站在全流程、全生命周期的视角，追求整体最优。任何管理体系的推行，必须在公司具备充分条件且大家都能理解和认识到这种系统性结构的必要性的时候，才能有效，否则出工不出力，各推各的，会给公司造成极大的浪费。

11.3 要抓住主干流程的正确，主干简洁，末端灵活

流程要正确地描述业务如何运作，但流程的正确不在于复杂，而在于简洁。比如吃饭，张开嘴就可以吃进去，从食道到胃，到小肠、大肠，再到肛门就出去了，这是主干流程，但是你要无穷地分解，还有好多好多流程。要抓住主干流程的正确，及时服务就是抓主干流程，主干流程做好之后再进行分环节的监控和管理。

主干流程是企业直接为客户创造价值的流程。从发现线索、投标、签合同、交付、开票再到回款是贯穿华为公司运作的主业务流，承载着公司主要的物流和资金流，另一个主业务流是产品开发，承载着公司从投资到商业变现和构建产品竞争力的过程。

主干流程要清晰，末端要灵活。次要流程，暂时没有流程只有定义也可以。主线条要越来越清晰，不是要越做越细。流程不能包治百病，治盲肠的不能治胃溃疡。要抓住主干流程，不要过多关注次要流程，没有次要

流程的时候，可以用行政文件来规范一下。

主干流程要简单，保证快速流通。不能让主干流程担负很重的监控任务，不能在主干流程中增加很多监控节点，使得主干流程的运作效率低下。因此在主干流程上一定要把很多附加的东西去掉，就是要保证快速流通。

当主干流程透明通畅以后，支干流程里面的主干流程也要减轻负担。不是说抓住主干流程，支干流程里面就没有主干了，支干里面也有主干。这样层层减轻，把很多功能剥离出去，灵活开放的就是神经末梢了。

主干流程就像高速铁路、高速公路，是主干线，一定要标准化，这是 IT 化、数字化的基础，上下车方式或者接入方式可以千变万化。所以华为公司强调主干平台、主干系统一定要简单、清晰、快捷、安全，但是接入系统允许灵活机动。主干流程要为大流量服务，而不为小流量服务。小流量要因地制宜、灵活机动，"土办法"是可以接受的，但是"土办法"上来后，一定要与"洋办法"在主要接口上一致，至少这个数据格式要对齐才行。所以说，不能僵化、教条，要求全中国、全球完全统一。对接入系统要放开一点、灵活一点，只要标准对齐，能接得上来就行。

在流程建设上也不能陷入僵化与教条，越往基层、越靠近使用者，应该越灵活。应允许使用者参与流程优化及优秀实践的总结，流程要从实践中来，到实践中去。主干流程的"僵化"与"教条"，是为了以标准化方式实现数据快捷传递与交换。末端流程的灵活机动，要因地制宜，适应公司的庞大与复杂的业务场景。

11.4 流程化就是标准化、程序化、模板化，但不是僵化

一个公司要使管理有序，降低运作成本，就必须有一套清晰的业务运作标准和流程，严格地按流程规范化运作。流程化就是标准化、程序化、模板化，要把可以规范化的管理都变成扳铁路道岔，使岗位操作标准化、制度化。

华为公司过去有一个缺点，就是不规范。大家都来自"青纱帐"，包个白头巾，腰里别两个地雷，喜欢打游击战。如果不规范，就会有大量重复劳动、无效劳动，也不能保证工作质量。规范化是职业化、国际化的基础，华为公司要成为领先企业就必须规范化管理。

规范化管理的基础是工作流程化，按流程运作。而要流程化，首先要将工作标准化、程序化。将工作进行标准化总结，并合理地安排工作的先后逻辑顺序，即程序化，使不同的人从事相关工作都按标准、按规定程序完成，保证工作过程质量和最终结果的质量一致性。各流程管理部门和质量部门要善于引导，将各种已经优化或已经证实行之有效的工作标准化、程序化、模板化。清晰的流程或重复运行的流程，工作一定要标准化、模板化，只有这样才能降低运作成本，提高工作效率。一项工作达到同样绩效，少用工，又少用时，这才说明管理进步了。

规范化管理的要领是工作模板化。把所有工作内容做成标准的模板，按模板来做。一个新员工，看懂模板，会按模板来做，就已经国际化、职业化了。这个模板是前人摸索几十年总结出来的，没有必要再去摸索。

标准化、程序化也是服务职业化的一种方法。标准化、程序化能降

低服务成本，提高客户满意度。服务如何标准化？要通过案例总结，汇总成方法，让所有人都能用，那么售后服务支持的效率至少能提升5%。一次解决不了问题就是服务没有标准化的后果，要把问题分门别类，找到问题的规律。

华为公司不仅关注短期效益，还更关注长期的、战略性的建设。要通过流程化和职业化，将很多东西标准化、程序化、模板化，这样既能保证工作的基本质量，又能提高工作效率，使公司的管理运作成本降下来。

但强调流程化，绝不是要求机械、教条地执行。流程化是标准化、程序化、模板化，但不是僵化。公司签发一个流程、一个模板，并不是让用的人绝对教条地去执行这个模板。使用者可以在这个基础上做些有序的改动，总比什么都从头来想一遍要好。不同的东西一定有共同的部分，共同的部分就保留下来，不同的可以修改，修改都是在一个模式上进行的，既方便，又不会遗漏。既要有坚定不移的管理原则与风格，还需要灵活机动的战术和处理方式。

在不同的流程、不同的地段上，都有若干收敛口，收敛口向上一定要标准化，向下在末端则可以灵活。末端就在作战部队，战场是千变万化的，一定要给一些弹性，否则就是一些机械教条的笑话。在变革中，公司强调代表处所有的输出接口应该绝对标准化，但是代表处内部的运作可以有些差异。在收敛之前，允许根据业务灵活机动。

流程是一个团队做事的基本规则，肯定是需要的。IPD、ISC、IFS、LTC都是华为公司参考业界最佳实践建立的流程，要理解和遵从。但是，西方公司为什么会垮掉？就是因为西方社会过于追求规范化、流程化，最后把自己在基层捆死了。所以公司提出在一线要生龙活虎，不要僵化教条，就是希望代表处是一个生龙活虎的组织，而不是僵化的、教条的组织。不要把流程搞得过于精细、过于复杂，不能把所有的流程设计得那么完美，最后导致基层的主观能动性都没有了。流程的灵活性要通过分层分级授权来解决，策略性的东西可以灵活一些、宽放一些，但是将可以重复的动作和执行层面的东西标准化、程序化、模板化是没有坏处的。

11.5 对事负责制与对人负责制、规范化与创新

11.5.1 对事负责制与对人负责制

对事负责制与对人负责制是两种根本不同的管理制度。对事负责制是一种对制度负责、对标准负责、对结果质量负责和对客户负责的管理体系，是依据流程及授权，以及有效的监控，使最明白的人具有处理事情和问题的权力，是一种开放授权的体系。对人负责制是一种收敛控制体系。

那么在干部路线上，到底是实行对事负责制，还是对人负责制？华为公司实行的是对事负责制。对事负责制是一种扩张体系，只对目标和结果负责，工作好坏不主要依赖于个人英雄，主要靠制度保障；对人负责制是一种控制管理体系，这种体系的弊端就是以领导为中心，拉关系，走投机路线。

有了流程，但流程上运作的干部还是习惯于事事请示上级，这是错误的。华为公司有明确规定，例行或成为惯例的东西，不必请示，应该让它快速通过。执行流程的人，是对事情负责，事事请示，就是对人负责。要落实好对事负责制，就要推行流程责任制，简化不必确认的东西，减少管理中不必要、不重要的环节，流程节点上的责任人要担责，否则公司不可能高效运行。

11.5.2 规范化管理能促进有序的、有价值的创新

华为的价值评价体系里面既有英国式的规范化管理，又有美国式的创新精神，因此华为公司最后不会像英国一样做得很死板。公司要求面对流程，要求规范化管理，会不会把华为公司管理得像有些英国公司一样呢？这是不会的。中国人永远不愿过于规范，都想搞点儿创新，创新是他们不灭的灵魂。中国人老是想这个会了，再搞搞那个，拥有好奇心是中国人的特征。推行规范化管理后，中国人的创新精神在华为仍是压也压不住的火花，不过创新不再像以前那么幼稚了。管而不死，活而不乱，是华为追求的创新文化。因此规范化管理能促进有序的、有价值的创新。

要处理好管理创新与稳定流程的关系。尽管华为要管理创新、制度创新，但对一个正常的公司来说，频繁的变革会导致内部、外部秩序很难保持稳定和延续，不变革又不能提升公司的整体核心竞争力与岗位工作效率。变革，究竟变什么？怎样变？这是一个严肃的问题，各级部门要切忌草率行动。一个有效的流程应长期稳定运行，不能因为有一点问题就常去改动它，改动的成本会抵销改进的效益，也不能因为管理要创新，成为不遵从规范化管理的理由。只有遵从了才能发现管理存在的问题，管理创新、制度创新才有内在驱动力。

第 12 章
建设满足客户需求的流程化组织

华为公司所有的目标都是以客户需求为导向，充分满足客户需求以增强核心竞争力。明确了目标，就要建立流程化的组织。

华为强调针对不同的客户需求要用不同的解决方案、不同的流程、不同的组织结构、不同的资源配置、不同的激励机制。业务流程化后，建立起流程化组织，公司就能快速响应，并最有效地运作。要基于流程来设置组织，分配权力、资源和责任，使组织设置更加合理，组织能力更加匹配业务需要，管理简化，廉洁高效。要坚持以流程为基础的组织改革，将权力部门转变为资源建设者，将业务专家群转变为流程运作者，淡化功能组织的权威。

华为组织与运作的改革要始终瞄准"流程简单清晰，组织精兵简政，奋斗能多打粮食"这个目标，要认识到不同组织要遵循不同的业务运作规律，只有进行差异化管理，才能真正激发各类组织的活力。

12.1 基于流程来分配权力、资源及责任的组织，就是流程化组织

只有"有为"才会"有位"，任何组织，只有在流程中创造价值，其自身才有价值并可能获得成长的机会。业务流程化后，要使业务顺畅高效

地运作，就必须建设与之相配套的流程化组织。基于流程来分配权力、资源及责任的组织，就是流程化组织，与流程化运作无关的人员及组织都必须裁掉。流程化组织建设的目标是：价值创造流程简洁高效、组织与流程匹配运作高效、管理体系集成高效、运营管理卓越、持续改进的质量文化与契约交付的项目文化已经形成。围绕这个目的来进行组织建设，需要什么就保留什么，多余的组织及人员都要裁掉，这样才能高效、低成本。非流程化的组织建设，既浪费，又提高了成本，会成为包袱。不要搞平行的组织、平行的部门，没有鼓出来的"肿瘤"才能提高华为公司的管理效率。

要基于流程来设置组织。流程定义角色及职责，组织承载流程的角色和要求，并分配资源来执行流程。流程与组织及能力越匹配，流程运作就越顺畅、高效，管理也就越简单。评价流程化组织的标准是准确性和时效性，以及运作成本的降低率。按流程来设置组织就不会出现冗余、职责重叠的组织，能够防止机构臃肿，避免陷入繁琐主义。组织执行流程，承担流程角色才能"有位"，有存在价值，多余的组织要裁掉，人员要重新分配。

要基于流程来分配权力和责任。流程角色不清，权力就没有办法下放；组织职责不明，流程就会流于形式，导致要么什么都要最高领导批准，要么增加很多控制环节和层次，出了问题就扯皮，谁都不对结果负责。流程定义的角色和要求清晰后，各级组织就要清楚自己在流程中承担的责任，安排合适的资源，及时、准确、高质量地完成流程要求的工作，保证流程目标的达成。

要不断审计和追溯责任者、主管者、领导者对流程和事件应负的责任，并适当地处罚。对推诿塞责的管理者，要加强绩效考核，使他们必须承担起责任来；对不敢承担责任的人，要调离工作岗位，易岗易薪，不保留原责任承担人的薪酬。只有这样，流程责任制才能真正落到实处，流程化组织才能真正运作起来。

按流程的要求来分配合适的资源，流程才能高质量、高效地运作。安排不满足流程要求的资源来执行流程，比如新员工或业务技能达不到流程要求的员工来承担流程角色，会增加工作时间，影响工作交付质量，导致延长流程完成周期，增加流程运作成本，影响流程的效率。因此，资源部门要不断通过培训、赋能来提高组织能力，匹配业务和流程需要。

组织能做到随流程的变化而变化，才是真正的流程化组织。客户变了，业务变了，流程要改变，组织也要做相应调整，只有这样才能建立起满足客户需求的流程化组织，使得流程简洁、组织简单、业务响应快速、运作成本低，最终支持企业战略目标和业务目标的达成。

12.2 建设前端拉动为主、后端推动为辅的流程化组织

前端就是最贴近客户的一端，就是前线、一线，后端就是机关，指所有不直接面对客户，只起支持和服务作用的部门。建设前端拉动为主、后端推动为辅的组织，就是要建设客户驱动、市场驱动的流程化组织。

前端拉动，就是要形成以 Marketing 为龙头，内部组织为龙身，通过 IPD、ISC、LTC 等管理体系相互关联，相对关系稳定，龙身随龙头摆动的流程化组织，这就是龙头原理。龙头如营销、市场行销组织，不断地追寻客户需求，龙身如机关等服务支持部门随龙头不断摆动，运转灵活，使得组织结构简单、运作高效、成本低。

前端拉动，也是落实"让听得见炮声的人呼唤炮火"的理念。前线最了解实际情况，战争怎么打，应由前线说了算，后方只是一个组织支持和保障供给的角色，这也是"拉"的机制。前线应有更多的战术机动和决策权力，不管是为客户提供产品和服务，还是确定客户需求，应由前线说了

算。要把计划权、预算权、核算权、销售决策权授予前线，总部响应前线需要，提供联勤服务。如果一个机关不能为前方服务，那么这个机关就没有设置的必要。

华为过去的组织和运作机制是"推"的机制。原因在于过去华为的业务运作模式是开发产品让市场销售的模式，中央权威的强大发动机在推动变革。在"推"的过程中，不容易看清哪些流程是无用的，哪些岗位是不出工的，哪些成本是无效的。后来华为的业务模式转变成了以市场为驱动、以客户需求为导向的研发—营销模式，才逐步从"推"的机制转换为"拉"的机制，或者说，是转到"推拉结合，以拉为主，以推为辅"的机制上。以营销拉动销售，以客户需求推动研发，以战略和业务目标驱动一线和产品线。这是一种大的公司组织变革模式，其目的就是精兵简政，以提高作战能力，多产粮食。拉着车子走的时候，哪一根绳子不受力，很容易就能看出来，拿剪刀将它剪去，连在这根绳子上的部门及人员，一并减去，这样组织效率就会有较大的提高。

要建设前端拉动为主、后端推动为辅的流程化组织，必须先从流程和客户端开始梳理。以客户为起点，要从一线开始梳理，也只能从一线开始梳理。所有支撑部门都应该是为一线作战部队服务的，一线业务不需要的就是多余的，要裁掉。要以作战为中心，以胜利为目标，纵向减少组织层级，横向减少组织协调环节。精兵简政，提升组织作战能力和效率。

华为将来的组织结构从上到下应该呈纺锤形，决策权在前线，前方指挥后方，后方提供服务和监督。上部是总部机关，中部是地区部、产品线、供应链及其他执行部门，下部是代表处、交付团队。总部机关小，部门少，由有成功实践经验的人组成，他们能理解前方的诉求，有清晰的战略与战术方向，决策准确，速度快，服务好。部门功能比较综合，因此部门少。中部承担了庞大的作战和需求满足任务，由于有许多具体的专业支持要实施,分工要专业一些、细一些,因此部门可以多一些。而前线拉动需求,在操作执行上,部门的职责要综合,精兵作战,因此部门设置要少而精。

12.3 在组织与流程不一致时,改组织以适应流程

流程化组织是流程决定组织,而不是组织决定流程。所有组织要么必须工作在主流程中,要么就必须工作在支撑流程中为客户间接创造价值,否则,这样的组织就是没有价值的。在组织与流程不一致时,要改组织以适应流程,而不是为了组织专门设置流程。组织是为了业务和作战而存在的,而不是作战服从组织。

组织首先要能承载流程里面定义的各个角色及职责要求,二者不一致时,就要调整组织的结构和职责,使之与流程相匹配。组织还要根据流程角色的要求,招聘或培养满足其相关专业技能要求的人来承担对应角色,进而完成流程要求的业务工作,同时发挥大平台的优势。组织与流程越匹配,组织能力越匹配流程要求,流程运作就越顺畅,组织效率就越高。最终构建的组织要满足以下要求:聚焦客户、满足业务需要、灵活敏捷、协同共进、过程和结果达到流程设计目标。

要沿着企业的主业务流来构建公司的流程、组织及管理系统。针对主业务流的流程化组织建设和管理系统的持续优化,是华为公司的长期任务。随着公司业务从运营商拓展到企业、消费者业务等,要根据业务本质的变化,持续进行符合其运作规律的流程化组织建设和优化。要由功能型的组织结构转变为流程型的组织结构,并由IT支持这套管理体系的有效运作。最终目的是让组织更有弹性,适应业务的变化,更有活力,支撑公司的发展。

12.4 以全球化视野进行能力中心建设，满足全球作战需要

华为公司是全球化公司，为支持公司战略目标的实现和业务发展的需要，应以全球化视野进行能力中心建设，要在全世界不同国家，针对业务需要和资源优势，建立不同的能力中心，吸纳各种人才，进行战略布局。

要在全球范围内建立各种能力中心，将这些能力中心用蜂群战术调动起来。这个地方的人最有这个能力，就在这个地方建这样的能力中心。要从这个地区的文化等各方面的特点出发，比如印度人特别善于谈判和投标，就把谈判和投标的能力中心建到印度去。一个地方的人有什么特点，就把公司的某种能力中心对应地建到那个地方去，然后散布到全球去。这些能力中心对当地要有促进，它们不一定是孤立的，和代表处靠近，和组织靠近，耳濡目染，也会有传播的。当然，能力中心可以是逻辑的而非物理的。

全球所有的能力中心都应该是共享中心。公司不仅要在财务上推行共享中心，而且在人力资源上甚至业务上也要推行共享中心。共享中心的人对相关业务都要熟悉，不能只会对数据、看数据，不然就会官僚化。比如财务人员长期不懂业务，就没法跟前方沟通。因此财务人员要加快自身能力的提升，加深对业务的理解。共享中心的人一定要尽快把自己转变成半业务型的专家。如果一点儿都不懂业务，远隔千山万水，在跟人家沟通的时候，不知道人家干什么，说了半天，电话费花了很多，最后还是说不明白，这样怎么能做好服务和提供准确支持呢？

要把相关能力整合成一个能力中心，比如概算和合同谈判要合为一个能力中心，因为合同谈判是基于概算的，概算清楚才能去谈判。要选拔一些印度籍的优秀员工，建立面向全球的投标、概算和谈判的能力中心，将投标、概算、谈判等活动拉通。

战略能力中心要建到战略资源聚集地去。比如法国引领全球时尚与设计，公司就在法国建立美学研究部，把美学元素融入华为的品牌形象和产品设计中。既然要胸怀世界，就要有气吞山河的勇气，如果你都不敢把战略资源摆到那个地方去，就说要称霸世界，那是不可能的。所以公司中的每一个组织（包括战略预备队）都要重新审视自己，看相关的能力中心应该放在哪里。

要有开阔的心胸吸纳各种人才，建设多元化的专业人才队伍，把能力中心建到世界资源聚焦的战略机会点上去，才能提升华为公司的战略能力，进而满足全球作战需要。

第13章
持续优化和改进

世界上唯一不变的就是变化，企业贯彻永恒的是管理改进。华为公司会否垮掉，完全取决于自己，取决于管理能否进步。管理能否进步，主要看两个问题：一是核心价值观能否让公司的干部接受，二是能否自我批判。只有坚持自我批判，时刻保持清醒和危机感，在内部形成主动变革、适应未来的动力，与时俱进，华为才能存活下去。

变革是企业通过业务流程、组织、IT、文化等方面进行的调整来改善业务经营能力，使自身更好地适应生存环境的过程。"小改进，大奖励"是华为长期坚持不懈的变革方针，不断改良，不断优化，无穷逼近合理。在引进和学习世界领先企业的先进管理体系时，华为坚持"先僵化，后优化，再固化"的原则。管理变革要坚持因地制宜，实事求是，从实用的目的出发，达到适用目的的原则。在管理变革中，坚持遵循"七反对"原则，才能确保变革成功。

持续改进是华为管理永恒的主题，是华为长期坚持的指导思想。只有通过持之以恒的改进，才能不断增强组织活力，提高华为的整体竞争力以及人均效率。

13.1　世界上只有那些善于自我批判的公司才能存活下来

世界上唯一不变的就是变化，面对当前的百年未有之大变局，华为公司会否垮掉，完全取决于自己。世界上只有那些善于自我批判的公司才能存活下来。因此，安迪·葛洛夫的"只有偏执狂才能生存"的观点，还应该加上一句话：要善于自我批判，懂得灰度，才能生存。

如果一个公司真正强大，就要敢于批评自己，摇摇欲坠的公司根本不敢揭丑。如果华为想在世界上站起来，就要敢于揭自己的丑。正所谓"惶者生存"，时刻保持危机感的公司才能生存下来。

华为从小公司发展到今天的大公司，一直是如履薄冰，摸着石头过河的。能发展到今天，与华为的过去比，进步是很大的，但如果沾沾自喜，满足于今天的进步，就不会有明天的辉煌。华为公司要不断地自我批判，不论进步多大，都要自我批判，世界是在永恒的否定之否定中发展的。只有长期坚持自我批判的人，才有广阔的胸怀；只有长期坚持自我批判的公司，才有光明的未来。自我批判让华为走过了30多年，还能向前走多远，取决于华为还能继续坚持自我批判多久。

华为的奋斗实践，使华为领悟了自我批判对一个公司的发展有多么重要。如果没有坚持这条原则，华为绝不会有今天。没有自我批判，就不会认真听清客户的需求，就不会密切关注并学习同行的优点，就会陷入以自我为中心，必将被快速变化、竞争激烈的市场环境淘汰；没有自我批判，面对一次次的生存危机，就不能深刻自我反省、自我激励，用生命的微光点燃团队的士气，照亮前进的方向；没有自我批判，就会故步自封，不能虚心吸收外来的先进东西，就不能打破"游击队"的局限和习性，把自己提升到全球化大公司的管理境界；没有自我批判，就不能保持内敛务实的文化作风，就会因为取得的一些成绩而少年得志、忘乎所以，掉入前进道路上遍布的泥坑、陷阱中；没有自我批判，就不能剔除组织、流程中的无效成分，建立起一个优质的管理体系，降低运作成本；没有自我批判，各级干部不讲真话，听不进批评意见，不学习不进步，就无法保证做出正确决策并切实执行。没有 IPD、ISC、IFS、LTC 等这些全流程管理的不断进步，就不能持续实现为客户提供低成本、高质量、高增值的产品和服务。

华为公司发展到目前的规模和地位，面临的挑战只会更大。要么沾沾自喜，停滞不前，逐渐消沉；要么励精图治，更上一层楼，在世界一流企业之林中持续占有一席之地。正所谓逆水行舟，不进则退，成功不是走向未来的可靠向导，华为需要的是将危机意识更广、更深地传播到每一个华为人身上。谁能打败华为？不是别人，正是华为自己。如果不能适时地调整自己，不去努力提高管理水平、强化管理能力，不将艰苦奋斗的传统保持下去，就会被自己打败。古往今来，一时成功者众多，持久的赢家很少。失败的基因往往在成功时滋生，只有时刻保持危机感，在内部形成主动革新、适应未来的动力，才可能永立潮头。

自我批判不是为批判而批判，不是为全面否定而批判，而是为优化进步和建设发展而批判，总的目标是公司整体核心竞争力的提升。华为提倡自我批判，不提倡批判，因为批判是批别人的，多数人掌握不了轻重，容易伤人。自我批判是自己批自己，尽管多数人会手下留情，但即使是鸡毛掸子，多打几次也会收到同样的效果。

人类社会是在不断地总结经验、有所发明、有所创造中前进的。华为若能不断地总结成功与失败的经验教训，努力地向别人、向一切先进的东西学习，华为的明天一定会更美好。

华为公司到底能活多久？如果从华为公司的现实来看，是一天不改进就会死亡，多改进一天生命就多延长一天，只要不断改进，生命就会不断延长。自我批判是无止境的，正所谓"活到老，学到老"，学到老就是自我批判到老。自我批判不是自卑，而是自信，只有强者才会自我批判，也只有自我批判才会成为强者。自我批判是一种武器，也是一种精神，是自我批判成就了今天的华为，华为要一直活下去，就要坚持自我批判的精神永不变。

13.2 不断改良，不断优化，无穷逼近合理

社会在发展，人类在进步，公司也必须不断与时俱进，才能在日益激烈的竞争环境中生存下去。管理的改进是永无止境的。华为公司只有不断地管理进步和创新，才能迎接未来的机会与挑战。

华为创立 30 多年来，从来没有停止过变革，一直在进行管理创新、制度创新，以不断提升公司的核心竞争力及工作效率。但华为不主张大起大落的变革，因为这是要付出生命代价的。公司这么多年的变革都是缓慢的、改良式的，华为员工可能感觉不到公司在变革。不是革命才是变革，不是产生一大批英雄人物叱咤风云就算变革，这样的话公司就垮了。不能为了一个人的成功，使华为"万骨枯"了。

与法国大革命相比，华为更赞成英国的光荣革命。英国光荣革命就像扁鹊长兄治病一样无声无息，英国就改革完了。300 多年前，英国爆发了光荣革命，大地主、大资产阶级和国王讨价还价，要争取自己的权利，限制国王的权力，就确立了君主立宪、王权虚设、临朝不临政的运作机制。英国一个人没死，就完成了光荣革命，确立了议会制度。资产阶级民主带动英国蓬勃发展，在随后的 100 多年时间里，建立了"日不落帝国"。而法国大革命轰轰烈烈，却血流成河，只是让作家找到了兴奋点，热血澎湃，出了好多好作品。人们记住了法国大革命，忽略了英国光荣革命，但法国

陷入内斗，而英国发了大财。

在管理上，华为从来不主张大幅度的变革，而主张不断地改良，一小步一小步地改进，一点儿一点儿地进步。任何事情不能急于求成，也不要等到问题成堆才去"力挽狂澜"，而是要不断地疏导；也不能为了个人的绩效和名声而"大刀阔斧"，这通常是对自己管理能力不自信的表现。

华为应该放慢变革的速度，一步一步走，不能好大喜功，不要追求全面胜利。华为公司从来就没有全面胜利过，组织改革改了许多年，一直在改，还没有改好。因此，一点点进步是非常重要的，不要急于求成。

"小改进，大奖励"是华为长期坚持的改良方针。公司反对那些空头建议，没有本职的实践经验，没有丰富的理论知识，是不可能提出真正的好建议的。应在小改进的基础上，不断归纳、分析、总结。要不断优化非增值流程与增值流程，不断改良，不断优化，使之无穷逼近合理。组织的调整与建设也是改良，不是改革，是渐进式的，不是疾风骤雨式的。要有张有弛，把握节奏。要以组织的总贡献和人均创造的价值为标准，不断地实践和验证探索，逼近合理。

改进管理是一个持续的过程，不能太激进。冰冻三尺非一日之寒，管理变革得扎扎实实推进，才能构建美好的未来。即使公司每年只进步0.1%，持续改进下去也是非常了不起的。只要一年比一年进步，总有一天，华为的管理水平会赶上西方公司。

任何东西都有继承性，要缓慢地改变。存在即合理，不要幻想推倒一切彻底重来，那是口号，不是真正的商业模式。公司要变革的量只有5%或者更少，剩下的95%都应该是规范的、稳定的，不要盲目创新。对于5%不规范的部分，允许探索与变革，其目的就是促进发展。公司在某个时期会强调这样，在另一个时期会强调那样，其实就是在变革那5%。所以，华为公司的目标方向是很清晰的，就是必须发展，不发展就是死亡。

但100%都变了，未必会得到发展。打乱全局的互联，走向一种新的平衡，这是极其艰难的，而且在混乱中，效益只会低下，不会有提高的。因此通过大刀阔斧变革，期望一下就能变好，基本上是痴人说梦。

任何创新都是必须支付变革成本的，总成本大于总贡献的创新是有害于公司的。而且华为已经积累了这么多管理程序，随意的创新是对过去投入的浪费。对一个正常的公司来说，常变革，内外秩序就很难保持稳定和延续。因此，已经成熟的管理，不要用随意的创新去破坏它，而要在使用中不断优化它、完善它，这种无生命的管理，只会随时间的推移越来越有水平。一代一代人死去，而无生命的管理在一代一代的优化中越来越成熟。

对于过去的规章制度，持"祖宗之法不可变"的态度也是错误的，但"变法"一定要保证科学性，要不断地协调，要先"立"后"破"，这样才能避免旧的已经废除，新的还未产生，因制度上的真空地带引起混乱。要吸取现代科学精髓，但也要重视老方法。公司在流程、组织变革上，要采取"补台"而非拆台的政策，赞成改良，不希望"天翻地覆"的改革。

13.3 先僵化，后优化，再固化

西方公司自科学管理运动以来，历经百年锤炼出的现代企业先进管理体系，凝聚了无数企业盛衰的经验教训，是人类智慧的结晶，是人类的宝贵财富。华为公司应当用谦虚的态度下大力气把它系统地学过来，站在巨人的肩膀上进步。因此，引进和学习世界领先企业的先进管理体系，华为的方针是"削足适履"，坚持"先僵化，后优化，再固化"的原则。

"削足适履"不是坏事，而是与国际接轨。华为引进了一双美国新鞋，刚穿总会夹脚。一时又不知如何把它变成中国布鞋。如果把美国鞋开几个洞,这样的管理体系华为也不敢用。因此,在一段时间内必须削足适履。要反对狭隘的民族自尊心,反对狭隘的企业自豪感。一定要真正理解领先公司上百年积累的经验,先搞明白人家的整体管理框架,为什么是这样的体系。刚刚知道一点点,就发表议论,以为自己很了不起,半罐水响叮当,其实这会妨碍我们向别人学习。

"僵化"的意思是在流程及管理体系跑起来的过程中学习和理解,"优化"则是在理解和使用的基础上改进,"固化"是对使用效果好的流程及管理体系的规范化。必须全面、充分、真实地理解顾问公司提供的西方公司的管理思想,而不是简单、机械地引进片面、支离破碎的东西。华为要防止在对引进的流程没有深刻理解就自以为是地优化。在华为公司,很多方面不是在创新,而是在规范,这是向西方学习的一个很痛苦的过程。就像一个小孩,小的时候为生存而奔波,腰都压弯了,长大以后骨骼定型,改起来很困难。因此,在向西方学习的过程中,要防止自以为是的毛病,否则不可能学习到管理的真谛。

世界上有很多非常好的管理,但不能什么都学,什么都学的结果只能是什么都学不到。因为这个往这边管,那个往那边管,综合起来结果为零。所以华为只向一个顾问学习,只学一种模式。华为公司早些年的变革失败就是因为老有新花样、新东西,结果一样都没有用。因此要踏踏实实,沉下心来,就穿一双美国鞋。只有虚心向他们学习,华为才能战胜他们。

什么是最先进的管理体系?用得好,能够解决问题,这才是华为公司最需要的,也才是最先进的。切忌产生中国版本、华为版本的幻想。引进要先僵化,后优化,还要注意固化。在两三年之内以理解消化为主,两三年后,有适当的改进。

从1998年起,华为邀请IBM等多家世界著名顾问公司,先后开展了

IT S&P（IT 策略与规划）、IPD、ISC、IFS 和 LTC 等管理变革项目，采用先僵化，后优化，再固化的方法，经过 20 多年的持续努力，取得了显著的成效，建立起了一个集中统一的管理平台和较为完整的管理体系，支撑华为公司进入 ICT 领域的领先行列。

13.4　坚持因地制宜、实事求是，防止僵化

　　西方的职业化，是从 100 多年的市场变革中总结出来的，即这样做最有效率。穿上西装，打上领带，并非为了好看。学习它，也不是完全僵化的照搬，难道穿上中山装就不行？华为 30 多年来，有自己成功的东西，要善于总结，华为为什么成功，以后怎样持续成功，再将这些管理哲学的理念，用西方的方法对其进行标准化、基线化。这有利于广为传播，使人掌握并善用之，以及培养各级干部适应工作。只有这样华为才不是一个僵化的西方样板，而是一个有灵魂的、管理有效的企业。中国企业学习西方成功的不多，就是因为照搬西方管理模式而"水土不服"。企业管理的灵魂，就是因地制宜，实事求是。

　　学习西方管理，要防止僵化。这个世界没有最佳，最适合自己的才是最好的。过去的最佳在未来也可能过时或不适用。刚学的时候提倡僵化，是为了深刻理解西方管理的真谛。僵化不是目的，是手段、是过程，最终目的还是为了变成适用、好用的东西。解决僵化问题的唯一方法也是坚持实事求是。只要实事求是了，就不会走错。追求一个美的东西，看起来没错，但是没有用也就没有价值。华为要的是看起来不一定很美，但是很实用的东西。要在规范化的基础上，因地制宜、实事求是地适应业务的发展，拿出适宜的措施和适用的方法，不断地解决问题，评估效果，不断改进。

13.5 管理变革要坚持"七反对"原则

不切实际的变革是很难成功的,管理变革要坚持从实用的目的出发,达到适用目的的原则。变革的成败对公司影响深远,IPD 变革的成功,影响了华为一代人,其思想、理念、方法及形成的文化,今后也会对华为继续产生影响。因此,在管理变革中,要坚持"七反对"原则:坚决反对完美主义,坚决反对繁琐哲学,坚决反对盲目创新,坚决反对没有全局效益提升的局部优化,坚决反对没有全局观的干部主导变革,坚决反对没有业务实践经验的人参加变革,坚决反对没有充分论证的流程进入实用。

坚决反对完美主义。要及时、准确、优质、低成本地实现交付,反对画蛇添足,故意增加流程,延误作业时间,造成高成本。华为公司从创办到现在,从来不追求完美。在推行各种政策时,只要大的环节想明白就推行,然后在推行过程中慢慢优化。华为一定要实事求是,追求可操作性、可运行性。

坚决反对繁琐哲学。反对把公司流程做得很复杂,复杂无非是为了显示自己的能力,但这会消耗公司的生命。要坚决反对形而上学、幼稚浮躁、机械教条和唯心主义。在管理进步中,一定要实事求是,不要形左实右:表面看上去做得很正确,其实效率是很低的。

坚决反对管理上的盲目创新。创新只是手段,不是目的。不能为了创新而创新,为了表明自己能干就改一下,一改却带来流程运行的高成本。公司进入稳定发展时期后,那种管理上的"大胆探索"不能提倡,一个稳定的体系,才能保证良好的运作和低成本。

坚决反对没有全局效益提升的局部优化。这样的优化对最终产出没有贡献,甚至可能产生负效益。局部管理的创新,应看它是否有利于全局的进步,局部最优并不一定能带来全局最优。存在的就是相对合理的,千万不要在自认为最优的盲目冲动下，胡乱推行变革。即使真能产生最优方案，也不能停止正在进行的逐步优化的活动。

坚决反对没有全局观的干部主导变革。这样的人主导变革工作，会使流程改来改去，越改越糟。胡乱指挥，是拿公司的生命开玩笑。公司在选拔主管变革的干部时，要先看能不能管理全局变革。

坚决反对没有业务实践经验的人参加变革。不懂得自己从事的业务，怎么会有变革经验？让这些没有实践经验的人来做变革，只会使业务越变越乱。

坚决反对没有经过充分论证的流程进入实用。任何变革项目的立项，必须要求使用这个流程的有关领导及部门参与立项的评议与审批。设计或优化的流程方案必须经过试点认证，评估效果好，并得到使用部门的评议，表决通过后才允许进入试用状态。使用也要采取逐渐推广的策略：不断评估、优化、推广，再评估、优化直到固化。

不要有变革亢奋症。这种亢奋症会让公司变革的速度过快，什么都没有准备好，在他们的兴奋下，就推动飞机起飞了，飞机到了天上没有油了怎么办？华为公司的员工大多数是很年轻的，现在有了变革这艘大船，他们好不容易上来了，坐到了这个位置，着急得很，希望能在一个晚上把公司推到世界第一，从而证明自己是世界领袖，这是很可怕的。

任何一次变革，最重要的问题是一定要落地。不能落地也不能上天，浮在中间，那是什么用也没有的。因此任何一次变革的目的，不在于它的开工，不在于它的研讨与推行，而在于能否落地，能否发挥切实的作用。

变革要推拉结合，要和一线业务结合，一线要有变革的动力，让一线认识到变革对自身业务改进的价值。面向客户做生意的业务流变革包括了多个项目，这些变革项目在一线落地时，要根据业务流的总体方案进行适当的组合与打包，别九龙治水，各推行各的。例如，代表处是火车站，要让铁路、公路都通到这个火车站。可以选择一两个代表处进行综合变革，将各变革项目的落地在这个代表处进行综合，关注整体效果，培养各方面的力量，积累综合变革的经验。

变革要扎扎实实，推进不能急躁。变革中虽然会遇到困难，但要坚定不移地把变革进行到底，因为这是华为走向国际化、规范化的根本保证。变革不会一蹴而就，收益不是很快能体现的，短期内甚至可能下降，关键是要坚持，只要逐渐体现出进步就行。对于变革目标的设定，要有现实主义精神，不要追求理想主义。应该围绕一个近期目标来变革，这个目标就是今天比昨天进步了，同时，横向来看，比别人还先进一点。现实的标准是在变化的，变革没有一个绝对的成功标准。

在变革中，任何非黑即白的观点都是很容易鼓动人心的，而华为恰恰不需要黑的或白的，华为需要的是灰度。要坚持战略与现实的平衡，扩张与控制的平衡，技术领先与客户需求优先的平衡，质量与成本的平衡，干部责任结果导向与关键行为过程考核的平衡，宽松的工作环境与严格的监控管理的平衡……过多强调矛盾对立而忽略矛盾统一，是不利于企业发展的。因此，在推行变革的过程中，切忌简单、粗暴、激进。

第 14 章
以核心竞争力的提升作为管理进步的考核验收依据

> 如何衡量管理进步？这是非常难的，难在管理的点滴改进很难量化，而且变革不可能一蹴而就，其效果需要时间的检验。华为公司以核心竞争力是否提升作为考核验收依据，来检查各项管理是否进步。
>
> 价值的产生不完全依赖成本的降低，提高竞争力和盈利能力才是最主要的目标。变革的目的是多产粮食和增加土地肥力。增加土地肥力的目的也是为了多产粮食。衡量变革是不是成功，最终要看粮食产量是否增加、盈利能力是否提高、战斗力是否增强。企业竞争力的提升最终会体现在企业的利润上。
>
> 企业要活下去，就必须有合理利润，利润一定是华为最终的目标。

14.1 把危机与压力传递到每一个角落，以促进核心竞争力的提升

在全球竞争的大潮中，只有把危机与压力传递到每一个人、每一道流程、每一个角落，才有管理进步的动力。只有下力气不断提高管理效率，不断激发组织活力，降低运作成本，提升核心竞争力，华为才有希望存活下去。

评价管理进步不能只看流程的简化、部门的减少或成本的降低。流程

的顺畅、组织的高效、工作和管理能力的提升等，都是管理进步的表现。因此，华为公司以核心竞争力的提升作为考核验收依据，来检查各项管理进步。

什么叫作核心竞争力？核心竞争力是指能够为企业带来比较竞争优势的资源，以及资源的配置与整合能力，是企业特有的、能够经得起时间考验的、具有延展性且竞争对手难以模仿的某些关键技术或能力的组合。华为如何增强核心竞争力？每年将收入的10%投入研发，并且研究占研发的比例逐渐提高，提升研发能力，能增强核心竞争力；通过合理的评价和分配制度，吸引人才并激发组织活力和个人创造潜力，能增强核心竞争力；公司各级干部不断强化自己的使命感和责任心，不断改善管理，提高管理效率，能增强核心竞争力；研发系统围绕客户需求不断创新，市场部的集体大辞职开创了公司自我批判的先河，使公司所有干部能上能下，胜任工作的能力越来越强，能增强核心竞争力；生产系统从点滴小事不断改进，使工艺流程进步，能提高核心竞争力；打击贪污腐败现象，包括干部的惰怠，激发组织活力，能增强核心竞争力；通过不断进行管理变革来优化流程和管理体系，保证做正确的事、正确地做事和持续做好，这也能提高公司的核心竞争力……

价值的产生不完全依赖成本的降低，提高竞争力和盈利能力才是最主要的目标，要把提升竞争力放在第一位。为了提高公司的核心竞争力，必须建立一个非常优质的管理体系，包括考核、激励等一系列高度有效的管理平台，把无效的成分剔除出去。核心竞争力不断提升的必然结果就是生存、发展能力的不断提升，公司粮食产量提高，收入增加，盈利能力增强，战斗力增强。

14.2　管理变革的目的是多产粮食和增加土地肥力

衡量管理和变革一定要有一把尺子，这就是多产粮食（销售收入、利润、新产品数量和市场份额、上市周期、交付效率等）和增加土地肥力（战略贡献、客户满意、研发能力、组织能力、技术积累、管理平台、账实相符等）。管理的目标是做正确的事和正确地做事，提升效率，最终的结果都会反映到这两个指标上。代表处订货没有增长多少，但利润增长了；研发新产品没有增加多少，但开发周期缩短了；发货速度加快了，产品质量提升了……这些都说明管理在进步。要看现阶段能产生什么贡献，贡献是基于偶然性还是必然性，是可持续的还是不可持续的，就能得出一个大致的基线和规律，来衡量管理进步。

在变革过程中，达成方案设计的初衷和目的才是最重要的。变革的目的是多产粮食和增加土地肥力，要根据粮食增加多少来确定有形成果——基本评价（用KPI），根据对土壤未来肥力的改造程度，来确定变革的无形成果。变革是不是成功，就是看粮食产量是否增加了、核心竞争力是否提升了。

过去华为变革没有目标，把管理搞得太复杂，增设了很多弯，增加了几万人。要慢慢收敛、慢慢精简，克服大企业病。任何时候的考核，都要把这个地方的粮食是否增产作为第一指标。要以此来给大家施加压力，不要热衷于为了管理而管理，做多余或无效的事情，把产粮食给忽略了。增加土地肥力的目的也是为了多产粮食，土地肥沃了，才能产出更多的粮食。

在管理上，永远要以客户为中心，围绕为客户服务和创造价值来设立流程、组织、制度，为简化管理、缩小期间费用而不懈努力。不能对多产粮食和增加土地肥力做出贡献的流程是多余的流程，不能多产粮食和增加土地肥力的部门是多余的部门，不能为多产粮食和增加土地肥力做出贡献的人是多余的人，要围绕这个原则来简化管理，进行变革。只有这样才可能在以客户为中心的奋斗目标下，持续保持竞争的优势。任何多余的流程，都要由客户承担费用，越来越多的装饰，只会使公司丧失竞争力，让客户远离华为。因此，应明确任何变革都要看近期、远期是否能增产粮食、增加土地肥力。

14.3 利润一定是华为最终的目标

华为是一个营利组织，要活下去，而且是有质量地活下去，必须要有利润。在公司发展的前 20 年，那时通信市场空间大、投资增长快，利润比较丰厚，只要抢到订单，产品规模生产就一定会有利润。因此华为那时以销售额或销售收入作为考核目标，以规模为中心。随着公司的不断发展，员工人数增多，运作成本增加，而运营商的设备投资逐渐趋于饱和，公司销售增长放缓，如果不抓经营效率，利润可能会逐渐变薄甚至为负，故从 2009 年开始，公司调整了政策，明确提出不再以规模为中心，要以利润为中心，追求有效增长。要求每个代表处、每条产品线，都必须以正的现金流、正的利润和正的人的效益增长为中心作为考核目标。

业务量增长，往往带来表面上人均效益的增长。但是要清醒地看到，当利润不是来自管理，而是来自增长时，如果明天没有增长了，华为公司就可能利润为负、现金流为负。因此在出现负增长之前，就要改进管理，提升内部效率和效益，增强企业核心竞争力。

以利润为中心是华为公司管理变革一个很重要的目标，组织、责任者等都因为这个目标的改变而使公司整个组织发生了改变。这个改变最终的结果是，华为公司在这个生存时期比昨天生存得好一点，其实就是好了那么一点点，华为公司就活过来了。公司近 10 多年的发展证明，这样的转变使华为每年利润随员工人数增加没有降低，实现了有效增长。

企业经营的最主要目标是通过为客户服务，为客户创造价值，来获取利润。利他才能利己，因此，利润一定是华为最终的目标。这个利润有近期的、中长期，还有远期的，不是说今年收回来的叫利润，再过10年收回来的就不叫利润，是有现金流的利润。

华为要有质量地活下去，就必须有合理的利润，这是华为存在之本，也是发展的根基。

本篇小结

本篇阐述华为的管理理念，即华为对业务、流程、组织、变革及管理体系的根本看法、管理思想和原则。全篇围绕为什么企业管理的目标是流程化组织建设，华为要建设一个什么样的管理体系，如何从端到端以最简单、最有效的方式实现流程贯通，如何建设满足客户需要的流程化组织，如何持续优化和改进以及如何衡量管理进步展开阐述。

1. 未来的竞争是管理的竞争

- 物竞天择，适者生存，企业要在竞争中保持活力，就要在管理上不断改进

- 企业间的竞争说穿了是管理的竞争，通过管理，整合人才、技术、资金等要素，没有管理，人才、技术、资金形不成力量

- 企业从必然王国走向自由王国的关键是管理，要从必然王国走向自由王国，摆脱对技术、人才、资金的依赖

- 要以规则的确定对付结果的不确定

2. 建立以客户为中心、以生存为底线的管理体系

- 所有组织及工作的方向指向客户需求，管理要为业务发展服务

- 建立以流程型和时效型为主导的管理体系，确立对事负责的流程责任制，这样才能做到无为而治

- 建立基本经营单元的计划、预算、核算体系，守住生存底线，将市场竞争压力无依赖地传递到各个责任中心，使内部机制处于激活状态

管理体系的建设导向：简单、实用、均衡

简单	实用	均衡
• 简单就是美，同样的事情要做得最简单 • 过多流程控制点会增加运作成本，降低运行效率	• 适合的就是最好的 • 机构设置的目的，就是为作战，急用先行，不要优中选优	• 均衡发展，抓短木板，强化公司整体核心竞争力 • 沿着流程授权、行权与监管，实现权力下放和客户需求驱动的流程化组织建设目标

3. 建设满足客户需求的贯通的流程和流程化组织

流程原则	组织原则
构建从客户中来，到客户中去的端到端流程 建立流程的目的是提高效率 • 聚焦主流程建设，确保主流程清晰、顺畅、高效 • 实现流程端到端贯通，提高运作效率 • 既标准化和规范化，又保持灵活性，不僵化 • 对事负责制是开放的管理体系 • 规范化管理促进有序、有价值地创新	组织建设以客户为中心，同时面向未来 任何组织只有在流程中创造价值，才可能获得成长的机会 • 基于流程来分配权力、资源以及责任的组织 • 建设前端拉动为主，后端推动为辅的流程化组织 • 在组织与流程不一致时，改组织以适应流程 • 以全球化视野进行能力中心建设

4. 持续优化和改进

- 不断改良，不断优化，无穷逼近合理
- 先僵化，后优化，再固化

只有那些善于自我批判的公司才能活下来

- 管理变革要坚持"七反对"原则
- 坚持因地制宜、实事求是，防止僵化

5. 以核心竞争力的提升作为管理进步的考核验收依据

把危机与压力传递到每一个角落，以促进核心竞争力的提升
- 不断提升核心竞争力和盈利能力，建设优质的管理体系

管理变革的目的是多产粮食和提高土地肥力
- 任何变革都要把粮食增产作为第一评价指标
- 增加土地肥力的目的也是为了多产粮食

利润一定是华为最终的目标
- 企业是一个营利组织，不是福利机构，一定要赚钱
- 必须以正的现金流、正的利润和正的人的效益增长为中心作考核

本篇小结

研讨主题清单

第一部分：理解企业流程化运作

专题1：理解企业流程化运作的意义
- 企业流程化运作的目的是什么？为什么说它能达到目的？
- 流程化运作和传统组织运作关注的侧重点有哪些差异？请用具体的问题和案例对比分析。
- 流程的起点和终点为什么都是客户？

专题2：理解流程设计、建设原则
- 如何理解流程主干和末端？为什么要"主干简洁，末端灵活"？
- 一线反映各行业线的管控过多，导致"千手观音"现象。"主干简洁，末端灵活"的原则为何难以落实？应如何改进？请结合具体案例说明。
- 流程设计应该基于信任还是不信任？风险管控和效率如何兼顾？

专题3：理解管理变革
- 华为现在经营情况良好，为什么要变革？变革的驱动力是什么？

- 变革中遇到了哪些关键的障碍和阻力？应该如何克服？
- 管理者在变革中应承担哪些责任？

第二部分：落实流程化运作

专题 1：流程遵从

- 为什么流程遵从很重要？
- 如何保障流程遵从？流程遵从和流程优化的关系是什么？为什么流程遵从经常流于形式？

专题 2：流程责任制

- 如何理解流程责任制？为什么要从流程遵从走向流程责任制？
- 要实现流程责任制，当前面临的主要问题是什么？如何解决？
- 如何避免流程成为逃避责任的借口？

专题 3：流程化运作如何适应业务多元化发展的需要

- 华为的流程及管理体系是基于运营商业务进行设计的，在进入 ICT 领域后，面临哪些主要挑战？如何应对？

缩略语表

3GPP，The 3rd Generation Partnership Project，第三代合作伙伴计划。它是一个国际电信标准化组织，3G 技术的重要制定者。

3T，Business Transformation & IT Management Team，业务变革与 IT 管理团队的简称。它是华为公司对业务变革、流程、IT 和架构进行日常管理和决策的团队。

5G，5th Generation Mobile Communication Technology，第五代移动通信技术。它是具有高速率、低时延连接特点的宽带移动通信技术，是实现万物互联的网络基础设施。

ATM，Asynchronous Transfer Mode，异步传输模式，是以信元为基础的一种分组交换和复用技术。

BG，Business Group，是华为公司 2011 年组织改革中按客户维度建立的运营中心。

CBB，Common Building Block，共用基础模块，指那些可以在不同产品、系统之间共用的单元。

CEO，Chief Executive Officer，首席执行官。

CFO，Chief Financial Officer，首席财务官。

CMM，Capability Maturity Model，能力成熟度模型。它是由美国卡内基梅隆大学的软件工程研究所制定，被全球公认并广泛实施的一种软件开发过程的改进评估模型。

CT，Communications Technology，通信技术。

DSTE，Develop Strategy to Execute，开发战略到执行。它是华为制定中长期战略规划、年度业务计划与预算、执行并监控评估的流程管理体系。

EMT，Executive Management Team，经营管理团队。它是华为公司主管经营和客户满意度的最高责任机构。

EUV，Extreme Ultra Violet，极紫外光，是一种用于芯片制造的光刻技术。

GSM，Global System for Mobile Communications，全球移动通信系统。

GTS，Global Technical Service，是华为为客户提供设备交付和售后技术服务支持的部门。

HR，Human Resources，人力资源。

ICT，Information and Communications Technology，信息和通信技术。

IFS，Integrated Financial Service，集成财经服务。它是支撑和监控企业研究与开发、市场销售、供应链和交付等端到端业务运作的财经流程管理体系。

IP，Internet Protocol，互联网协议。

IPD，Integrated Product Development，集成产品开发。它是一套从市场需求分析、产品立项、开发、上市直到产品生命全周期的端到端的研发投资管理体系。

ISC，Integrated Supply Chain，集成供应链。它是由原材料、零部件的厂家和供应商等组成的网络，通过计划、采购、制造、订单履行等业务运作，为客户提供产品和服务。

IT，Information Technology，信息技术。

ITR，Issue to Resolution，问题到解决。它是面向所有客户服务问题，从请求、处理直到解决、关闭的端到端流程。

IT S&P，IT Strategy & Plan，IT 策略与规划。

KPI，Key Performance Indicator，关键绩效指标。

LTC，Lead to Cash，从线索到回款。它是华为从线索、销售、交付到回款的面向客户的端到端流程管理体系。

Marketing，营销，华为公司负责营销的部门。

NGN，Next Generation Network，下一代网络，是一种业务驱动型的分组网络。

PDCA，Plan-Do-Check-Act，即计划、执行、检查、行动的首字母组合，通过 PDCA 循环可以改进工作质量，是质量管理的一种基本方法。

PDT，Product Development Team，产品开发团队。它是一个跨功能部门的团队，负责管理产品从立项、开发到推向市场的整个过程，保证产品在财务和市场上取得成功。

SACA，Semi-Annual Control Assessment，半年度控制评估，是华为为满足内控管理要求，每半年进行一次的内控自我评估。

SOD，Separation of Duty，职责分离，是企业在经营管理中控制风险的一种手段，常用于财务等内控管理中。